Continuing Traditions
Les Traditions Perpétuelles

✦ ✦ ✦

Pranabranjan Ray
Surajit Sarkar

First published in India 2015 by
Akar Prakar
and
Mapin Publishing Pvt. Ltd

The publication is in conjunction with **Musée de la Toile de Jouy**, and in collaboration with the **Indian Embassy in France** and the **Ministry of Textiles, Government of India**.

A show by the same name, 'Continuing Traditions', will be shown at the Musée de la Toile de Jouy from May 5 to July 26, 2015.

The publishers thank Ms. Esclarmonde Monteil, director and curator of Musée de la Toile de Jouy, Pranabranjan Ray, advisor to the show, and Sri Santosh Gangwar, Minister of Textile, Govt. of India.

Simultaneously published in the United States of America in 2015 by
Grantha Corporation
E: mapin@mapinpub.com

Distributed in North America by
Antique Collectors' Club
T: + 1 800 252 5231 | E: sales@antiquecc.com
www.accdistribution.com/us

Distributed in United Kingdom and Europe by
Gazelle Book Services Ltd.
T: +44 1524 68765 | E: sales@gazellebooks.co.uk
www.gazellebookservices.co.uk

Distributed in Thailand, Laos, Cambodia, Myanmar by
Paragon Asia Co. Ltd
T: +66 2 877 7755 | E: info@paragonasia.com

Distributed in Malaysia by
Areca Books
T: +60 4-2610307 | E: arecabooks@gmail.com
www.arecabooks.com

Distributed in the Rest of the World by
Mapin Publishing Pvt. Ltd
706, Kaivanna
Panchvati, Ellisbridge
Ahmedabad-380006
T: +91 79 40 228 228 | F: +91 79 40 228 201
E: mapin@mapinpub.com | www.mapinpub.com

All rights reserved under international copyright conventions. No part of this book may be reproduced or transmitted in any form or by any means, electronic or mechanical, including photocopy, recording or any other information storage and retrieval system, without prior permission in writing from the publisher.

Every effort has been made to seek permission to reproduce those images whose copyright does not reside with Akar Prakar or Mapin Publishing and we are grateful to the individuals and institutions that have assisted in this task. Any omissions are entirely unintentional, and the details should be addressed to Mapin Publishing.

Text © Authors
Images © Akar Prakar and artists except:
Page 13 (above): http://en.wikipedia.org/wiki/File:European_settlements_in_India_1501-1739.png
Page 13 (below): https://commons.wikimedia.org/wiki/File:Fort_Dansborg.JPG

ISBN: 978-93-85360-02-2 (Mapin)
ISBN: 978-1-935677-61-1 (Grantha)

Photography: Debanjan Das
Design: Shilpi Chakraborty
Translation: Emmanuel Simon and Monami Basu
Copyediting: Shrutakirti Dutta and Swati Bhattacharya
Editorial support: Abhijit Lath and Sadhana Bose
Archival research: Akar Prakar
Processed and Printed by Iris Printing

Captions:

Front Cover:
Archana Hande,
The Silk Route Hedges, Page 4
Lithograph and block print on Nepali paper & elephant dung fiber paper
31.8 cm x 25.3 cm
2011

Page 4:
Aditya Basak
Detail of *Myth Making 3* (triptych)
Mixed media on canvas
123 cm x 91.5 cm
2014

Back Cover:
Archana Hande,
The Silk Route Hedges, Page 3
Lithograph and block print on Nepali paper & elephant dung fiber paper
31.8 cm x 25.1 cm
2011

Akar Prakar
P 238 Hindustan Park,
Kolkata-700029, India
T: +9133 24642617 | E: info@akarprakar.com
www.akarprakar.com

Continuing Traditions
Les Traditions Perpétuelles

✦ ✦ ✦

Pranabranjan Ray
Surajit Sarkar

Contents / Sommaire

Message from Ministry of Textiles, Govt. of India
Santosh Kumar Gangwar, Minister of State for Textiles — 6
Santosh Kumar Gangwar, Ministre d'État pour le Textile — 7

Foreword
By Akar Prakar — 8
Par Akar Prakar — 9

Curatorial Note
Esclarmonde Monteil, Curator and Director of Museum — 10
Esclarmonde Monteil, Conservateur du patrimoine, Directrice du musée — 11

Surajit Sarkar
World Within Worlds — 12
Des mondes parmi les mondes — 12

Pranabranjan Ray
Intertwining Inheritance and Practice — 22
Pratiques et héritages entrelacés — 22

Artists/Artistes
Aditya Basak — 36
Anju Dodiya — 40
Archana Hande — 46
G.R. Iranna — 52
Jayashree Chakravarty — 56
Paula Sengupta — 62
Shrabani Roy — 68
Surajit Sarkar — 72
Sabyasachi Mukherjee (Designer/Styliste) — 78

Credits
Acknowledgements — 84
Remerciements — 85

The Museum
About Musée de la Toile de Jouy — 86
À propos du Musée de la Toile de Jouy — 87

About Akar Prakar / À propos d'Akar Prakar — 88

Message from the
Minister of State for Textiles
Independent Charge

✦ ✦ ✦

Minister of State for Textiles
Government of India
New Delhi 110 011

28th April, 2015

Message

The Akar Prakar Gallery has helped the Crafts Council of West Bengal to bring the photographic panels from the National Museum, New Delhi to the Indian Museum, Kolkata and have also helped the Council in mounting and organizing the seminar "Safarnama" at the Indian Museum.

I am happy to learn that Ambassador, Embassy of India, Paris has agreed to inaugurate the show "Continuing Traditions" organized by Akar Prakar Gallery being held at the Musée de la Toile de Jouy from 5th of May to 26th of July, 2015.

I convey my best wishes for the show of "Continuing Traditions".

Santosh Kumar Gangwar

Message du
Ministre d'État pour le Textile

✦ ✦ ✦

Ministre d'État pour le Textile
Gouvernement indien
New Delhi 110 011

Le 28 Avril 2015

Message

La galerie Akar Prakar a assisté le Crafts Council of West Bengal dans le transfert des panneaux photographiques du National Museum de New Delhi à l'Indian Museum de Calcutta, et apporté son soutien quant à la préparation et l'organisation du séminaire « Safarnama » à l'Indian Museum.

Je suis ravi de savoir que l'Ambassadeur de l'Inde en France inaugurera l'exposition « les Traditions Perpétuelles » organisée par la galerie Akar Prakar et présentée au Musée de la Toile de Jouy du 5 mai au 26 juillet 2015.

J'adresse à Akar Prakar mes meilleurs vœux de réussite pour cette exposition.

Santosh Kumar Gangwar

Foreword

There have been several very important showings of Indian art in France at very prestigious venues / museums in Paris, France. The leading events have been the show of Nobel Laureate Rabindranath Tagore's artworks hosted by the ministry of culture at the Petit Palais in Paris in 2011/12, as part of the 150th year celebrations of the birth anniversary of Tagore. This was followed up with an important show of contemporary art at the Centre Pompidou titled "Paris Delhi Mumbai" and another show at the Quai Branly Museum, Paris showcasing the craft traditions of India. In the wake of these events and our discussions with art curators, critics and the Parisian audiences, what became clear was that there was definitely a missing link between the traditional arts, Tagore, and the contemporary art practices.

Akar Prakar is striving to present a holistic view of the arts from a country like India, vastly rich in its cultural diversity. In this endeavour (taking the cue of Tagore's show which travelled across the world), we along with our curators and advisors would like to present the picture of what happened in the arts in the eastern region of the country, particularly Bengal which is Tagore's land and boasts of the largest and best Indian art school set up by Tagore himself at Santiniketan as a point of departure.

In this connection we are showcasing the following :
- *8 Bengal Masters: Miracles of Existence*, Musée des Arts Asiatiques de Nice, 15th of May to the 15th of July, 2015, curated by Soumik Nandy Majumdar.
- *Continuing Traditions*, Musée de la Toile de Jouy, Jouy-en-Josas, Versailles, France, 5th of May to the 26th of July 2015 led by Pranabranjan Ray.
- *Metamorphosis*, a show of recent works by Debanjan Roy, Galerie Baudoin Lebon, Paris, 5th of May to the 23rd of May, 2015.

To bridge this gap of information between the early masters and the contemporary artists, we discovered the rich heritage of Indian textiles that exist in museums across Europe. (Along with *Continuing Traditions* we had showcased the digitized version of the "*Tapis Moghol*" at the Indian museum in November 2014, from the collection of the Musée de l'Impression sur Étoffes de Mulhouse in France, a rare textile from India from the 17th century, representing the trade between India and Europe at the time. However the "*Tapis Moghol*" is not on display in this exhibition at Jouy in France.) Our advisors and curators, along with our French curator Ms. E. Monteil, felt that an exhibition of art by contemporary art practitioners and a renowned Indian designer who have incorporated in their work one or the other aspect of textiles and its long history, would further enlighten the connection of traditional crafts such as textiles to art, within India and its impact on foreign lands. This way we could explore the different kinds of connections that the modern Indian artists have been building through their Praxis.

Reena and **Abhijit Lath**
Akar Prakar

Avant-Propos

❖ ❖ ❖

L'art indien a souvent été mis à l'honneur, en France, par de prestigieux musées et institutions. On retiendra, parmi les principaux événements, l'exposition des œuvres de Rabindranath Tagore organisée par le Ministère de la Culture au Petit Palais, à Paris, en 2011-2012 dans le cadre du 150ème anniversaire de la naissance de l'artiste. Avaient suivi la magistrale exposition d'art contemporain intitulée « Paris-Delhi-Bombay » au Centre Georges Pompidou et l'exposition « Autres maîtres de l'Inde » au Musée du Quai Branly qui avait donné à connaître à la fois l'artisanat traditionnel et l'art contemporain indiens. Cependant, à la suite de nombreuses discussions à la fois avec les commissaires d'exposition, les critiques d'art et le public parisien, nous est apparue l'absence de lien entre les arts traditionnels, l'œuvre de Tagore et les pratiques artistiques contemporaines.

Akar Prakar s'efforce donc de présenter une vue d'ensemble de la production artistique d'un pays comme l'Inde, marqué par une profonde diversité culturelle. En lien avec les commissaires d'exposition et des experts, nous nous inscrivons dans le sillage de l'exposition des œuvres de Tagore – qui a fait le tour du monde – et cherchons à faire découvrir la production artistique d'une région, le Bengale Occidental, qui se targue d'abriter la plus grande université d'art du pays, dont la fondation à Santiniketan par Rabindranath Tagore lui-même fut le point de départ d'un renouveau artistique sans précédent dans l'est du pays.

A cet égard, nous présentons les trois expositions suivantes:
- « Huit Maîtres du Bengale – les miracles de l'existence », dirigée par Soumik Nandy Majumdar, au Musée des Arts Asiatiques de Nice du 15 mai au 15 juillet 2015.
- « Les Traditions Perpétuelles », dirigée par Pranabranjan Ray, au Musée de la Toile de Jouy à Jouy-en-Josas en France, du 5 mai au 26 juillet 2015.
- « Métamorphoses », œuvres récentes de Debanjan Roy, à la Galerie Baudoin Lebon, Paris, du 5 au 23 mai 2015.

Nous tenterons de combler le vide laissé entre les maîtres anciens et les artistes contemporains et explorerons la richesse du textile indien exposé, notamment, dans les musées européens. Dans cette optique, le « tapis moghol » – une pièce textile extrêmement rare datant du XVIIème siècle et incarnant les échanges commerciaux entre la France et l'Inde en présence à l'époque – en provenance de la collection du Musée de l'Impression sur Étoffes de Mulhouse, a d'ores et déjà été exposé à l'Indian Museum de Calcutta. Cependant, le « tapis moghol » ne sera pas présenté à Jouy lors de cette exposition. Aussi bien les experts et conservateurs indiens que leurs homologues français, y compris Mme Esclarmonde Monteil, que nous avons consultés ont eu le sentiment qu'une exposition rassemblant des artistes contemporains ayant intégré de quelque façon l'élément textile à leur œuvre permettrait de mettre en lumière la connexion existante entre l'artisanat traditionnel et l'art d'aujourd'hui en Inde, ainsi que leur impact à l'étranger. Nous pourrons ainsi explorer les différentes connexions qu'ont pu établir les artistes indiens modernes à travers leurs créations.

Reena et **Abhijit Lath**
Akar Prakar

Curatorial Note

The Musée de la Toile de Jouy is proud to present the exhibition *"Continuing Traditions"* which is part of 3 shows designed to 'Promoting Indian Modern and Contemporary Art in France' throughout the spring. This exhibition follows a previous one in Calcutta's Indian Museum that stemmed from *"Le tapis moghol"*, a rare Indian printed textile from the 17th century kept in the collections of the Musée de l'Impression sur Étoffes in Mulhouse (Eastern France).

India and the town of Jouy-en-Josa's first textile relation date back to the 18th century when Oberkampf installed his first workshop in the Bièvre Valley. Paper archives of the factory and also a book on printed cotton from Persia and India collected by Oberkampf (the latter edited from documents kept in the Musée des Arts decoratfs in Paris) tell us that Oberkampf had his eye on Indian textile productions. He collected samples of Indian printed chintzes as a source of inspiration and sometimes copied them literally. He also admitted that the copies he made were the start of his fortune at the royal court of Versailles. At the time, the nobility was mad about these prints both for castle furnishing and for négligé clothing.

This craziness for mordant and resist-dyed cottons from India – Europeans named them *"indiennes"* or *"perses"* – spread through Europe in the 17th century. These fabrics were imported widely by the various East India companies and benefited from the rising international sea trade. The millenarian knowledge of Indian craftsmen and their technical skills handed down from father to son expressed themselves in these textiles. The Europeans had never seen such colour-fastness, such floral designs and such light and easy-to-wear fabrics. The increasing demand of French consumers both for dress and furnishing resulted in a cash flow to India and alarmed the French manufacturers of traditional silk, wool and linen textiles. A general ban against the importation and the fabrication was enacted in the reign of Louis XIV. People were also forbidden to wear dresses made of calico. Though the ban lasted three fourth of a century it was to no avail as fashion still favoured them.

The western craftsmen who tried their hand at printing on cotton or *"siamoises"* (a mix of cotton and linen) couldn't at first obtain the same results as their Indian counterparts. European travellers to India were asked to gain the knowledge of the dyeing process. As soon as 1678, Roques, employee of the French East India Company at Surat describes the making of hand- or block-printed calicoes. Then in 1734, a royal navy captain, de Beaulieu, was sent on a mission of industrial espionage to the Coromandel Coast.

After the ban was lifted in 1759, factories were founded throughout France and started competing with other western factories in England, Switzerland, and Netherlands to master and improve the processes of printing on cloth. Europe slowly mastered its own inventions such as copper printing or chlorine bleaching and embraced the industrial revolution. European productions increased in bulk and quality and slowly reduced Indian craftsmen to idleness. The trade pattern changed to the advantage of Europe through the course of the 19th century as colonisation progressed.

Printed cottons, calicoes, chintzes may seem futile to many but they weave a shared history between two civilizations, two eras, two visions of the world. Today France has lost most of the textile industry initiated by Oberkampf and his followers and India is again clothing the Western world. The cyclical exchange of patterns and textiles continues and still provides a legacy to artists and designers.

It is particularly interesting to confront the vision of early-21st-century artists from India to that of artists from the old western world; to confront their relationship with this legacy to this ever-renewed reciprocal influences. The Museum will try to do so by presenting at the same period another exhibition "On the toile" where European and American artists and designers reinterpret the Toile de Jouy just as the Indian artists reinvent their textile tradition.

Esclarmonde Monteil
Curator and Director, Musée de la Toile de Jouy

Note Du Conservateur

Le Musée de la Toile de Jouy est heureux d'accueillir une des trois expositions qui seront présentées en France au printemps par la Galerie Akar Prakar et l'Ambassade de l'Inde en France pour promouvoir l'art contemporain indien. Cette exposition « Le tapis moghol : une tradition réinventée » fait suite à une première exposition présentée en novembre 2014 à l'Indian Museum de Calcutta qui avait pour origine une toile des Indes conservée au Musée de l'Impression sur Étoffes de Mulhouse : « Le tapis moghol ».

La rencontre entre Jouy-en-Josas et l'Inde autour du textile remonte au XVIIIe siècle, à l'époque où Oberkampf installait sa manufacture de toiles imprimées dans la vallée de la Bièvre. Nous savons par ses archives et par la publication « Toiles imprimées de la Perse et de l'Inde d'après les documents recueillis par Oberkampf » tirée d'un recueil conservé à l'UCAD, qu'Oberkampf conservait des exemplaires des toiles fabriquées en Inde dont il s'est inspiré ou qu'il a copiées pour créer ses propres cotonnades. Il admet même que ces copies presque parfaites ont été à l'origine de son succès au près de la cour de Versailles.

Cette mode des cotonnades imprimées, d'ailleurs dénommées « indiennes » s'est répandue en Europe au XVIIème siècle grâce à l'accroissement du commerce maritime et aux Compagnies des Indes. Ces tissus, fruits du savoir-faire technologique millénaire des artisans indiens, ont ravi les Européens par le chatoiement de leurs couleurs et leur matière légère et agréable à porter. La demande croissante pour l'habillement comme pour l'ameublement avait conduit à un flux de numéraire vers l'Inde et à une inquiétude croissante des soyeux et des drapiers français. Une prohibition générale était alors décrétée sous le règne de Louis XIV mais sans effet face à l'emprise de la mode.

Après la levée de la prohibition en 1759, des manufactures s'implantèrent partout en France et n'eurent de cesse, à l'instar de leurs concurrents européens, de maîtriser les secrets des techniques indiennes. Peu à peu l'Europe développa ses propres techniques et s'engagea dans une production industrielle qui concurrença les artisans indiens. Les flux commerciaux s'inversèrent ainsi au XIXème siècle, au fur et à mesure que la colonisation progressait.

Entre art, artisanat et industrie, les cotonnades, objets qui peuvent sembler futile à certains, tissent l'histoire des relations entre deux civilisations, deux histoires, deux visions du monde. Aujourd'hui, la France a perdu la plus grande partie de son industrie textile initiée par Oberkampf et ses semblables, l'Inde en retrouve une et habille à nouveau les Européens. Les motifs inventés aux siècles précédents parlent encore aux créateurs contemporains qui s'en inspirent et les détournent.

Il est particulièrement intéressant de confronter la vision des artistes et designers indiens et occidentaux de notre temps pour comprendre le poids de ces échanges textiles pluriséculaires. Le musée de la toile de Jouy présentera ainsi aux mêmes dates une exposition d'artistes occidentaux : « On the toile ».

Esclarmonde Monteil
Conservateur du patrimoine
Directrice du Musée de la Toile de Jouy

Worlds Within Worlds
Safarnama – the travels of *Kalamkari* textiles

SCENE 1

In the year 1600, Queen Elizabeth I of England took a decision that in the long term would change the structure of world commerce. Responding to the developing needs of British overseas trade, she issued a charter for the creation of what was to become the British East India Company (the EIC).

With the corresponding merger in 1602 of the Dutch *Voor-compagnieën* into the Dutch United East India Company the (VOC), the groundwork was laid for an expansion of European trade interests into the Asian hemisphere, an expansion that would have a significant effect on both. During the first decade of their existence, both companies made huge profits, or 'return on investment', as the Seventh Voyage of the EIC, in 1611-1615, garnered a profit of 214 percent.

SCENE 2

The ports of the Coromandel Coast were important stopovers and trading points for European traders between East and South East Asia and Europe by the 17th century. Both European buyers and local craftspeople would have been familiar with the East and South East Asian design imagination by this time, from Sir Thomas Roe's gift of Japanese lacquer work to Jahangir in 1606, and notes that describe how common the Japanese and Chinese crafts were in India at the time.

Des mondes parmi les mondes
Safarnama – les périples des textiles *kalamkari*

SCÈNE 1

En 1600, la Reine d'Angleterre Élisabeth Ire prit une décision qui allait bouleverser l'organisation du commerce mondial sur le long terme. Souhaitant répondre aux besoins britanniques croissants du commerce d'outre-mer, elle présenta une charte stipulant la création de ce qui deviendrait peu après la Compagnie britannique des Indes orientales (*British East India Company* ou EIC).

Avec la transformation en 1602 de la *Voor-compagnieën* néerlandaise en Compagnie néerlandaise des Indes orientales (*Verenigde Oostindische Compagnie* ou VOC), furent posées les bases de l'expansion des intérêts commerciaux européens en Asie, circonstance dont les deux compagnies bénéficièrent amplement. Durant les dix premières années de leur existence, elles firent des profits – ou « retours sur investissement » – considérables. Ainsi, à l'occasion de son septième voyage, la Compagnie britannique des Indes orientales enregistra un bénéfice de 214 pour cent.

SCÈNE 2

Au XVIIème siècle, les ports de la côte de Coromandel étaient pour les commerçants européens un important lieu d'escale et d'échanges entre l'Extrême-Orient, l'Asie du Sud-Est et l'Europe. L'imaginaire des motifs est et sud-est asiatiques était sûrement

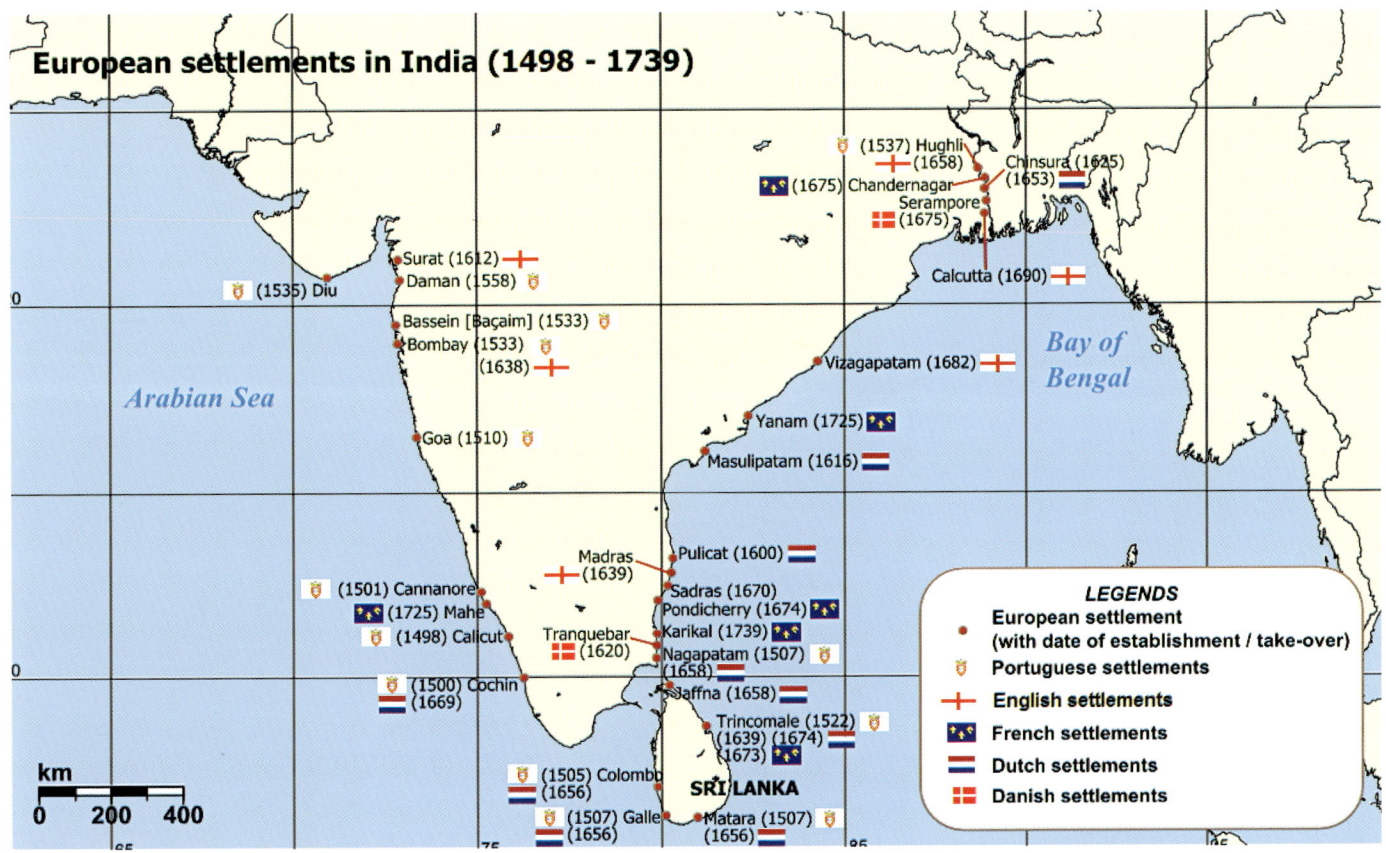

Above (top to bottom)
European settlements in India from 17th century
Dansborg, Tranquebar, Coromandel

Landscape gardening imagination of 1640s reflected an imagination which was wealthy and confident enough to allow women like Mary Delaney to sculpt the large gardens of wealthy landowners

Landscape gardening imagination of 1640s reflected an imagination which was wealthy and confident enough to allow women like Mary Delaney to sculpt the large gardens of wealthy landowners. European writers of 17th and 18th centuries have spoken of the asymmetry prevalent in Chinese art as opposed to European symmetry and 'pleasant taste'. Many *chinoserie* embroidered textiles emerge, attempting to capture the beautiful disorder that Europeans found so irresistible.

SCENE 3

The extraordinary amalgam of styles and elements, and the imaginations underlying them, can be seen in this textile we prefer to call *Safarnama*. Otherwise called the *Tapis Moghol*, and dated to the second half of the 17th century, at the Museum of Printed Fabrics in Mulhouse, the textile describes the range of design reached and existing in *Kalamkari* traditions at the time. In other words, it could be an artistic sampler of the skills, technique and imagination of the time.

Understanding the life and travels of a textile like the *Safarnama Kalamkari* requires attention to the social, political, economic, and cultural contexts at the time of its display. Only then is it possible to understand how creative concepts and practices in art and craft objects move across socio-political and cultural boundaries. How do artistic crossings and their analyses map onto larger networks of power and economics? How does art negotiate the different demands of local cultural contexts with larger concerns?

A LARGER ASIA

In contrast to the spatially fixed map, international trade of the 17th century also saw the 'world' as an imagined or designative concept. Centred in and around the Indian sub-continent, some are more Asia-centred than previously believed. The informational advantages possessed by local merchants and middlemen may have allowed them to integrate craft skills with motifs and imaginations from a recognised 'Asian' world that ranged from Japan in the East to Persia in the West.

To select an imaginative yet appealing combination of images and motifs would require an extremely well travelled or aware conceiver. On the other hand, the preeminent court at Golconda

déjà familier autant aux négociants occidentaux qu'aux artisans locaux, ainsi que le suggèrent les écrits disponibles sur l'artisanat chinois et japonais présent en abondance à l'époque en Inde ainsi que le laque japonais offert en 1606 par Sir Thomas Roe au quatrième empereur moghol Jahangir.

L'art des paysagistes des années 1640 reflétait une imagination suffisamment riche et confiante pour permettre à des artistes tels que Mary Delaney de sculpter les imposants jardins de riches propriétaires terriens. Les écrivains européens des XVIIème et XVIIIème siècles discutèrent de l'asymétrie caractéristique de l'art chinois par opposition à la symétrie et le « bon goût » européens. De nombreux textiles brodés apparurent alors, tentant, à l'image des « chinoiseries » de l'époque, de capturer l'essence de ce merveilleux désordre tant apprécié des Européens.

SCÈNE 3

Il est aisé de deviner dans ce prétendu « tapis moghol », une pièce textile que nous préférerons nommer *Safarnama*, la présence d'un extraordinaire amalgame de styles, d'éléments et de différents imaginaires les sous-tendant. Cet ouvrage textile, remontant à la seconde moitié du XVIIème siècle et visible au Musée de l'Impression sur Étoffes de Mulhouse présente toute la gamme des motifs établis existant à l'époque dans la tradition du *kalamkari* : autrement dit, celui-ci pourrait être considéré comme un résumé historique des savoir-faire, techniques et esthétiques artistiques d'une période donnée de l'évolution de l'artisanat textile en Inde.

Afin de bien comprendre la genèse et le périple d'un textile kalamkari tel que le *Safarnama*, il est nécessaire de prêter attention à la situation sociale, politique, économique et culturelle au moment de sa fabrication. Il devient alors possible de discerner la façon dont les pratiques et les concepts créatifs inhérents à l'art et à l'artisanat voyagent au-delà des frontières socio-politiques et culturelles. Comment les confluents artistiques et leur analyse s'intègrent-ils aux réseaux étendus de pouvoir et d'économie ? Comment l'art concilie-t-il les diverses attentes culturelles locales et celles d'entreprises de grande échelle?

UNE GRANDE ASIE

Le commerce international du XVIIème siècle n'envisageait pas le « monde » comme une espace cartographié, mais plus volontiers comme concept désignatif ou encore imaginé. Ayant pour centre le sous-continent indien, celui-ci était bien

Left: Making of *Kalamkari*
Above: *Safarnama*, Delany6899. Credit: Mary Delany, An exhibition in the Soane Gallery. Courtesy: Surajit Sarkar

En effet, dans notre Safarnama, ce qui ressemble à première vue à des figures stylisées d'animaux paraît, après étude attentive des formes et des couleurs, apparenté aux idoles de bois de Jagannath, Balabhadra et Subhadra provenant de Puri en Odisha, situé plus au nord de la très fréquentée côte de Coromandel.

The Jagannatha triad. Painting, pigment on prepared cloth, 91.2 x 158.2 cm
Credit: Girard Foundation Collection, Museum of International Folk Art (DCA), Santa Fe, New Mexico. Photo by Blair Clark.

in the Deccan was oriented towards Persia under Safarvids, through trade and the migration of Turks, Arabs, Persians and East Africans to the Deccan courts. The *Safarnama* textile with its strong East Asian flavour would not be the gift of choice to such a court, unlike the assertion of some art historians. Therefore, it was not likely that the textile was made for an Indian recipient or market.

'Growing luxury consumption, partly fuelled by the increased commercialization of the perquisites of government office appears to have been one of the principal motors of the Indian economy in this period. However, there is not yet the same evidence that as for China, Japan, and Europe of an emerging "fashion system" with broad participation from many classes: e.g., guides to the proper and tasteful deployment of commodities. Though merchants and service gentry grew more important in 17th and 18th Century India, luxury demand seems to have been very heavily concentrated among aristocrats.'

While a certain amount of trade was carried on from the Coromandel ports to ports in the Arabian Sea and the Red Sea, the principal orientation of the trade from the region was eastward with ports in Burma, Thailand, Malaya and Indonesia. The Bay of Bengal has been traditionally among the most intensively traversed of the Asian seas in pursuit of maritime commerce. Maritime merchants of the Coromandel Coast were aware of the imaginations of lands further east, and the *Safarnama* textile may have been a one-off piece commissioned by an individual buyer and perhaps a European adventurer representing the early European textile printing works that began after the 1640s. It is clear that the person was exposed to and aware of the geographical area covered in the textile, and to the forms and imaginations belonging to them. The size made it possible for it to work as an encyclopaedia of *kalamkari* tradition, with different kinds of motifs and images. In addition, the 'return on investment' on creating this textile sampler of the *kalamkari* craft suggests a visualising craft as a business building device for buyers from the European market.

That this amalgamation of imagination happened in South India, along the Coromandel coast and in the region of Thanjavur, means that the person responsible for commissioning or coordinating it may have had a close connection with this part of India - maybe marriage, a business partnership or just extensive travels along the coast. For example, in the *Safarnama* textile, what at first glance seems like stylised animal figures may, on a longer look, seem based in shape and colour from the wooden idols of Jagannatha, Balabhadra and Subhadra at Puri in Odisha, further up the well travelled coast northwards from the Coromandel Coast.

plus concentré sur l'Asie que l'on ne le croyait jusqu'alors. Les informations détenues par les marchands et les intermédiaires locaux leur permirent probablement d'instiller dans l'artisanat local les motifs et l'imaginaire d'un univers qualifié d'« asiatique », s'étendant de la Perse jusqu'au Japon.

Le choix d'une combinaison aussi originale qu'attrayante d'images et de motifs exigeait de son auteur d'être bien informé ou d'avoir beaucoup voyagé. Cela dit, l'influente cour de Golkonda (ou Golconde) dans le Deccan était plus ouverte à la Perse des Safavides, en raison du commerce et des migrations de populations turques, arabes, persanes et d'Afrique de l'Est vers les cours du Deccan. Contrairement aux assertions de certains historiens, le *Safarnama*, compte tenu de son fort caractère est-asiatique, n'aurait pas été le cadeau de prédilection pour une telle cour. Il est donc peu probable qu'il ait été conçu pour le marché local ou un acquéreur indien.

« La consommation croissante de produits de luxe, en partie alimentée par la commercialisation accrue des gratifications attribuées par des institutions gouvernementales, semble avoir été l'un des principaux moteurs de l'économie indienne à cette époque. Cependant, il est difficile de trouver des éléments similaires démontrant l'émergence en Inde d'une « industrie de la mode » incluant la participation active de différentes classes sociales, comme ce fut le cas en Chine, au Japon et en Europe ainsi que le prouvent par exemple des manuels traitant de l'étalage convenable et approprié de marchandises. Bien que les commerçants et la petite noblesse de service aient gagné en importance au cours des XVIIème et XVIIIème siècles en Inde, la demande locale de produits de luxe semble y être restée l'apanage de l'aristocratie durant cette période. »

Bien qu'une partie des marchandises fût transportée des ports de la côte de Coromandel vers les ports des mers Rouge et d'Arabie, le commerce s'orientait principalement vers l'est, à destination des ports de Birmanie, de Thaïlande, de Malaisie et d'Indonésie. Le golfe du Bengale devint ainsi l'une des mers les plus fréquentées de l'histoire du commerce maritime en Asie. Les marchands de la côte de Coromandel étaient conscients de l'imaginaire artistique des pays plus à l'est : il se peut donc que notre Safarnama soit une pièce unique commandée par un acheteur isolé, peut-être même un navigateur européen, un représentant de l'industrie occidentale du textile imprimé qui débuta après les années 1640. Il paraît évident que cette personne était instruite et consciente des différentes zones géo-culturelles évoquées sur ce tapis ainsi que des formes et des esthétiques leur correspondant respectivement. La taille de l'œuvre rendit possible l'illustration de la tradition du *kalamkari* dans son ensemble, au moyen de différents types de motifs

COMMISSIONING THE SAFARNAMA TEXTILE

The Arab name for the southeast Indian coast was Mabar, since all ships touched the ports of this coast before they crossed to lands and kingdoms further east. The Europeans called it Coromandel, after *Cholamandalam*, the Chola Empire. By the late 17th and 18th centuries, ports here were small urban metropolises, with Portuguese, Dutch and English presence, besides local ship building and repair yards to cater to the eastern trade. As entrepot centres, it would not be surprising to find a European merchant with an associated Indian entrepreneur in these ports, making their fortunes from the unsurpassed cotton painting or dyeing skills possessed by kalamkari artists of this region.

Among the Europeans, the Danish settlement was founded in 1620 at Tranquebar, with an agreement between the Danish East India Company and Nayak ruler of Thanjavur. Letters in the Danish archives reveal local traders making huge profits while acting as agents of the Danish Company. However, the Danish trading activities were limited due to the lesser resources compared with other colonial trading companies, and an absence of support from their home government. After losing the European trade to other Europeans, the trade between Coromandel Coast and South East Asia became a source of income and basis of economic survival, second to the gains of Danish piracy in Bay of Bengal.

A local power on the Coromandel Coast, the Danes occupied the small niches in trade and business opportunity in the gaps between the other European powers. Despite the power shift in the Tanjore kingdom from the Nayakan rulers to the Marathas around 1675, the Danish fort at Tranquebar continued to dominate local power equations. Archival documents show their taking sides in local trading conflicts, illustrating close connections between local and colonial elites, making it possible for creatively inclined adventurers to take advantage of the opportunity.

et figures. Cet aspect encyclopédique suggère également que la commande d'une telle pièce ait été motivée, en tant que « retour sur investissement », par la volonté de disposer d'un « catalogue » de démonstration des merveilles de l'artisanat *kalamkari* à l'usage de futurs clients du marché européen.

Le fait que cette combinaison de différents imaginaires et esthétiques artistiques ait eu lieu en Inde du Sud, dans la région de Tanjavur (ou Tanjore), le long de la côte de Coromandel, signifie que le commanditaire ou son sous-traitant était probablement en lien étroit avec cette partie de l'Inde, que ce soit par le mariage, les affaires ou de simples voyages. En effet, dans notre *Safarnama*, ce qui ressemble à première vue à des figures stylisées d'animaux paraît, après étude attentive des formes et des couleurs, apparenté aux idoles de bois de Jagannath, Balabhadra et Subhadra provenant de Puri en Odisha, situé plus au nord de la très fréquentée côte de Coromandel.

LA COMMANDE DU SAFARNAMA

Le nom arabe de la côte du sud-est de l'Inde était Mabar (signifiant en arabe un lieu de passage), puisque tous les navires y faisaient escale avant d'appareiller pour d'autres contrées plus orientales. Les Européens quant à eux l'appelaient Coromandel, d'après l'empire Chola, *Cholamandalam* (ou « pays des Cholas »). À partir de la fin du XVIIème siècle et au cours du XVIIIème siècle, les ports de la côte devinrent de petites métropoles urbaines, mêlant présence portugaise, néerlandaise et anglaise, qui abritaient des entrepôts, des ateliers de réparation et des chantiers navals afin de répondre aux besoins du commerce oriental. Il était fréquent d'y voir un marchand européen associé à un entrepreneur indien, dont les incomparables talents des facteurs locaux de *kalamkari* en matière de peinture sur coton et de teinture firent la fortune.

La colonie danoise de Tharangambadi, ou Tranquebar, fut fondée en 1620 à la suite d'un accord entre la Compagnie danoise des Indes orientales et le troisième roi nayak de Tanjavur. Des lettres conservées dans les archives danoises révèlent les profits colossaux réalisés par les marchands locaux représentant la compagnie danoise. Cependant, les activités commerciales danoises furent limitées par le manque de moyens en comparaison avec les autres compagnies européennes et l'absence de soutien gouvernemental. Après la perte de la manne commerciale au profit de ses rivales européennes, le commerce entre la côte du Coromandel et l'Asie du Sud-Est devint pour la compagnie danoise une source de revenu et la base de sa survie économique, parallèlement aux actes de piraterie dans le Golfe du Bengale.

En tant qu'autorité locale sur la côte du Coromandel, les Danois

Left: *Madhuvani*
Above: *Kalamkari* from Madras, Tamilnadu, India. Credit: Indian Museum, Kolkata

Kalamkari detailing. Credit: Niranjan Chetty

The Sarawati Mahal library in Thanjavur has in its possession paintings that indicate that many of the motifs and images in the textile were known locally, for example, the composite animals made of human figures. The images of the *Safarnama* textile are a tongue in cheek take on established tradition, while maintaining one critical difference - the absence of any human figure, form or face. This could be important, as depiction of Asian human figures would be out of place in a sampler for the European imagination.

So what did the *Safarnama* textile hope to evoke in the minds of the viewer? The world of the mid- to late 17th century, by all accounts, was one in which a resurgent confident and wealthy Europe was ready to look at new worlds and new imaginations. The age of exploration had made Europe familiar with America, India and China. Textiles were a way by which the colours of those lands could be used to fill the European colonial imagination. And the age of factory textiles could bring a sense of fantasy and imaginative playfulness into European homes.

Surajit Sarkar
Assoc Prof and Coordinator
Centre for Community Knowledge
Ambedkar University Delhi

References
Amelia Peck, et al. ; Interwoven Globe: The Worldwide Textile Trade, 1500-1800.
S. Jeyaseela Stephen ed ; The Indian Trade at the Asian Frontier.
Heike Liebau trans. Rekha Rajan ; Cultural Encounters in India , Social Science Press, New Delhi, 2013.
Lotika Varadarajan; Towards a Definition of Kalamkari, in Homage to Kalamkari, Vol 31 No 4, Marg 1978.
Kenneth Pomeranz; The Great Divergence; China, Europe, and The Making of the Modern World Economy, 2000.

**Another version of this essay was presented at the Indian Museum, Kolkata in 2014.

s'en tinrent aux maigres opportunités commerciales délaissées par les autres puissances européennes. Malgré la destitution de la dynastie nayak et l'avènement de celle des Marathes vers 1675, le fort danois continua à dominer l'équilibre des forces dans la région. Des documents d'archives prouvent l'implication des Danois dans les conflits commerciaux locaux et illustrent les rapports étroits entretenus entre élites locales et coloniales, créant un éventail d'opportunités favorables aux aventuriers imaginatifs.

La bibliothèque Saraswati Mahal de Tanjavur abrite des peintures démontrant que de nombreux motifs et ornements textiles étaient connus localement, comme par exemple les animaux composites présentant des figures humaines. Les images du *Safarnama* sont caractéristiques d'une interprétation ironique de la tradition établie tout en maintenant une différence essentielle, l'absence de toute figure, forme ou visage humain, un fait d'importance puisque la représentation de figures humaines asiatiques au sein d'un tel ouvrage de référence serait apparue déplacée pour l'imaginaire européen.

Qu'espérait-on donc évoquer grâce au *Safarnama* dans l'esprit de ses spectateurs ? Le monde de la seconde moitié du XVIIème siècle réunissait les conditions propices à l'appréhension de nouveaux horizons et imaginaires par une Europe en plein essor, confiante et puissante. L'âge des grandes découvertes avait rendu familières aux Européens l'Amérique, l'Inde et la Chine. Les textiles de ces contrées permirent alors de nourrir l'imaginaire colonial européen de leurs couleurs, et l'ère de l'industrie textile fit souffler sur foyers européens un vent de fantaisie ainsi qu'une allégresse créative.

Surajit Sarkar
Maître de conferences
Responsable du Centre for Community Knowledge
Ambedkar University, Delhi

Bibliographie
Amelia Peck, et al. ; Interwoven Globe: The Worldwide Textile Trade, 1500-1800.
S. Jeyaseela Stephen ed ; The Indian Trade at the Asian Frontier.
Heike Liebau trans. Rekha Rajan ; Cultural Encounters in India , Social Science Press, New Delhi, 2013.
Lotika Varadarajan ; Towards a Definition of Kalamkari, in Homage to Kalamkari, Vol 31 No 4, Marg 1978.
Kenneth Pomeranz; The Great Divergence; China, Europe, and The Making of the Modern World Economy, 2000.

**Une autre version de cet article fut présentée à l'Indian Museum de Calcutta en 2014.

Intertwining Inheritance and Practice

❖ ❖ ❖

A fascinating piece of pictorial textile from a French collection generated quite an animated curiosity last year when it was exhibited in a number of Indian metropolises. Although it obviously was a piece of seventeenth century textile art of *Kalamkari* (*Kalam* = finger-wielded implement of drawing, plus *Kari* = workout), from the Telugue speaking region of south India, it was not an usual temple hanging. The unusual pictorial language, in which a fantasy world was visualised in the exhibit, was a hybrid Indo-Turkik. The narrative and the language, perhaps had led to its being enigmatically titled as *Tapis Moghol*. It was perhaps a made-to-order export item like so many other painted, block-printed and resist-dyed designed clothing exported to Europe from India, between the sixteenth and the eighteenth centuries, generally called the *Chintz* or *Cheentz*, there. It is not that the exhibition suddenly awakened the practitioners, of the non-performing visual arts like painting, sculpture, installation and graphics, to muse on the history of interface between their kind of art practices, and textiles as socio-cultural artefacts and technological objects, but certainly gave a fillip to their phenomenological concerns. A quick overview of the history of interface between textile and other visual arts in India, may be useful in providing a historical perspective to contemporary praxis, to project which is the purpose of the present exhibition.

In the absence of archaeological finds of actual objects, how do we know about the antiquity, and experience the richness of the designed textiles of India of the past. An answer is, through the representations like, the one-shoulder-off floral robe of the

Pratiques et héritages entrelacés

❖ ❖ ❖

Une fascinante pièce de textile pictural issue d'une collection française a suscité un vif intérêt l'année dernière lors de son exposition dans un certain nombre de métropoles indiennes. Bien qu'elle soit manifestement une œuvre de *kalamkari* (de *kalam*, stylet ou outil de dessin, et *kari*, la facture) du XVIème siècle provenant de la région de langue télougoue du sud de l'Inde, il ne s'agit pas d'une simple tenture de temple. La narration et l'esthétique présentes dans l'œuvre l'ont amenée à être qualifiée de « tapis moghol », dont l'inhabituel langage visuel dépeignant un univers fantaisiste est un hybride de culture indo-turque. Il s'agit peut-être d'un article fabriqué sur commande et destiné à l'exportation, comme de très nombreux autres tissus peints, imprimés au bloc de bois et colorés par épargne puis exportés d'Inde vers l'Europe entre le XVIème et XVIIIème siècles et communément appelés « chintz ». Si cette exposition n'a pas nécessairement conduit les artistes et adeptes des arts visuels non-performatifs tels que la sculpture, la peinture, le design ou encore l'installation à s'interroger plus avant sur l'histoire des relations entre leurs pratiques artistiques et les textiles en tant qu'artefacts socio-culturels et réalisations technologiques, il est évident qu'elle a donné un coup de fouet à leurs réflexions d'ordre phénoménologique. Une présentation succincte des rapports entre le textile et les autres arts visuels en Inde permettra de fournir une perspective historique à la pratique contemporaine, nous aidant ainsi à mieux formuler le sujet de notre exposition.

En l'absence de découverte archéologique tangible, comment pouvons – nous éprouver l'antique richesse du textile conçu de

Above (top to bottom)
Digitised images of '*Tapis Moghol*' displayed at the Indian Museum, Kolkata, 2014
Rajasthani Dupatta from 18th century. Credit: Indian Museum, Kolkata

Far richer and variegated are the representations of textile dresses with motif-composed designs, in the gamut of Indian painting from the 5th century Ajanta murals to the 19th century Pahari miniatures

supposed 'priest' statuette from Mohenjodaro, the diaphanous drapes with designs composed of floral motifs on the sculpted and modeled bodies of divinities and laity from the Kushana-Mathura days down to the Vijayanagara Kingdom's time. Far richer and variegated are the representations of textile dresses with motif-composed designs, in the gamut of Indian painting from the 5th century Ajanta murals to the 19th century Pahari miniatures. However, as these representations are in stone and metal or in paint on surface, there is no way to know for sure whether the design were woven, embroidered, stitched, knitted, patch-worked, quilted, painted or printed. We can only guess. The purpose of representation was not keeping of evidence for the posterity, but of construction of signifiers for signification of the wearers' status and occasion. The stray and sporadic archaeological remnants of the actual objects, like the 14th-15th century painted and printed pieces found from Al Fustat on the Nile, and the late medieval dresses of the royalty seen at various fort and palace museums do not do justice to the enormous variety and richness of the motif-composed textile designs of India, as indicated by sculptures and paintings. Although, on the evidence of a lone hand-manouverable block of stone with carved design, found from 5th century stratum, in Bannu, in the Khyber-Pakhtunkhwa province of Pakistan, is sure enough indication of block-printing of textiles, at least in that area, at that time. Literary accounts of European travellers and traders of the 16th to the 18th centuries also provide interesting information on painted, printed and dyed fabrics of various materials. But these are poor surrogates of visual evidence, either as actual objects or as representations.

It is extremely important to remember that, in total disregard of their representation in other arts, demand-fed textile designs, irrespective of their being objectified by weaving, embroidering, stitching, sewing, knitting, quilting, patchworking, printing or painting, came to stay and/or flourished with improvisation, and/or stagnated with lack of improvisation, and decayed with fall in demand. All these happened locally. Sometimes through trade, elements of visual appearance of designs, sometimes elements of technology of making travelled from one local tradition to another, depending on demand. Falling income, dwindling supply of inputs and rise of input-cost, availability of cheaper alternatives, inability of producers to adapt to changes in demand and falling demand led to the near demise

par le passé en Inde ? En partie grâce à certaines représentations telles que la robe à fleurs et épaule dénudée d'une hypothétique statuette de prêtre venant de Mohenjodaro, ou encore les tentures diaphanes aux motifs floraux sur les corps sculptés et modelés de divinités et de laïcs de la période de Kushana – Mathura jusqu'à celle du royaume de Vijayanagara. Les représentations d'habits textiles arborant des motifs composés sont encore plus riches et plus variées dans l'ensemble de la peinture et de l'art indiens, depuis les fresques d'Ajanta du Vème siècle jusqu'aux miniatures Pahari du XIXème siècle. Cependant, puisque toutes ces représentations sont en pierre, en métal ou peintes en surface, il n'y a aucun moyen de savoir avec assurance si le motif était tissé, brodé, cousu, peint ou imprimé. Nous ne pouvons que le supposer. Ces représentations n'avaient pas pour objectif de laisser de traces pour la postérité, mais de signifier l'occasion du port et le statut du porteur. Les vestiges archéologiques disséminés tels que les pièces peintes ou imprimées du XIVème et XVème siècles découvertes à Al Fustat au bord du Nil ou encore les vêtements portés par l'aristocratie de la fin du Moyen-Âge que l'on retrouve encore dans différents forts et musées ne rendent pas justice à la considérable richesse et la variété des figures aux motifs composés du textile indien que suggèrent ces sculptures et ces peintures. La découverte isolée à Bannu, dans la province de Khyber-Pakhtunkhwa au Pakistan, d'un bloc de pierre à usage manuel et aux motifs gravés datant du Vème siècle, est une preuve suffisante de la présence de textiles imprimés à cette époque, tout du moins dans cette partie du sous-continent. Des témoignages littéraires de voyageurs et de commerçants européens du XVIème siècle jusqu'au XVIIIème siècle fournissent également des informations intéressantes quant aux tissus de différents matériaux, peints, imprimés ou encore teints disponibles durant cette période. Mais ces derniers ne sont que de piètres substituts des preuves visuelles que constituent une pièce véritable ou sa simple reproduction.

Il est très important de prendre en considération le fait que, bien qu'ils puissent être encore représentés dans d'autres formes d'art, un certain nombre d'éléments textiles au cours de l'histoire, qu'ils eussent été tissés, cousus, tricotés, brodés, matelassés, assemblés, imprimés ou encore peints apparurent puis fleurirent, stagnèrent ou disparurent localement en fonction de l'évolution de la demande ainsi que du degré d'improvisation et d'adaptation dont ils furent l'objet. Un certain nombre de motifs visuels ou parfois même d'éléments technologiques passèrent d'une tradition à l'autre, circulant au gré du marché. La chute des recettes, la baisse des approvisionnements, l'augmentation des coûts de production, la découverte d'alternatives moins onéreuses, ainsi que l'incapacité des fabricants à s'adapter aux variations ou à la diminution de la demande provoquèrent la

Two Ladies on Terrace, Hasiya miniature Mughal Painting. Credit: Mrs Cynthia Polsky, New York

Phulkari From Punjab, 18th century. Credit: Indian Museum, Kolkata

of the indigenous textile crafts in the 19th century India. It is well recognized that not only the exploitative trade practices but also the semi-administrative policies of the Company government, and then of the Raj, created all the listed conditions to finish off the indigenous textile crafts. Moribund, though, some traditions continued to survive.

In the Gandhian era of Indian freedom struggle, attention was turned to rural India with Rabindranath motivating from another angle. With such a turn, the necessity for revival of rural and moribund crafts began to be felt. As the textile crafts engaged numerically the largest number of highly skilled craftsmen, these came into focus. After the independence, the Nehruvian welfare state took institutional measures for reinvigoration of the textile and other craft, with erudite enthusiasts like Kamala Devi Chattopadhyaya and Pupul Jayakar in the lead. Institutions were set up for providing research and development inputs and marketing assistance. Traditions of textile crafts got new lease of life. Even the non-commercial stitch designed objects like the *Kantha* of Bengal and *Phulkari* of Punjab for home use, benefited from the resurgence. However, none of these ipso facto got represented in other visual arts.

> **Even the non-commercial stitch designed objects like the *Kantha* of Bengal and *Phulkari* of Punjab for home use, benefited from the resurgence.**

Coincidentally with the stagnation of the textile crafts, but not as cause and effect, the drapery was losing its value as image in the non-performing visual arts, due to some skewed adaptation of Eurogenetic Modernist notions. Fortunately, however, India's own trajectory towards modernity could not distract painters like Nandalal Bose and M.F. Husain from using of images of objects of use, like clothings, as significant images. Remember Nandalal's *Natirpuja* mural and Husain's *Between the Spider and the Lamp* or the *Mother Teresa* series. Situation, however, has been changing through last quarter of a century, again coincidentally with new interest in textile crafts. With the postmodernist jettisoning of the ideas of absolute autonomy and purity of each art (in terms of the materials and methods used), the connectivity with the phenomenal world of natural and man-made objects began to be re-established in the visual arts. This change in attitude to the arts made it possible for the re-entry of textiles as inputs into such visual arts as painting, sculpture, printmaking, installation and visual designs. This time, the textile related inputs, into the listed non-performing visual arts, are

quasi-disparition de l'artisanat textile traditionnel en Inde au cours du XIXème siècle. Autant les pratiques commerciales abusives que les politiques semi-administratives de la Compagnie britannique des Indes orientales puis celles du Raj britannique se sont avérées responsables des conditions ayant conduit à l'extinction de ces traditions textiles, bien que certaines, moribondes, continuèrent d'exister.

Durant la période gandhienne de la lutte pour l'indépendance, avec le soutien de Rabindranath Tagore, l'attention des indépendantistes nouvellement portée sur l'Inde rurale fit apparaître la nécessite de subvenir aux besoins d'un artisanat traditionnel à l'agonie. Les métiers du textile, qui regroupaient alors le plus grand nombre d'artisans hautement qualifiés, occupèrent ainsi le devant de la scène. Après l'indépendance, l'état-providence de Nehru prit des mesures gouvernementales réussies ayant permis de re-dynamiser entre autres l'artisanat textile, sous la conduite savante et enthousiaste de personnalités telles que Kamala Devi Chattopadhyaya ou Pupul Jayakar. De nouvelles institutions virent le jour, chargées de la recherche, du développement et de l'aide à la commercialisation des produits artisanaux, donnant un nouveau souffle aux traditions du textile. Même le *kantha* du Bengale ou le *phulkari* du Punjab, types de broderies à usage domestique et non-commercialisées à l'époque, bénéficièrent de cette résurgence.

Bien que sans rapport de causalité, mais parallèlement au marasme de l'artisanat textile, la draperie se vit privée de sa valeur d'œuvre d'art, une conséquence de l'interprétation biaisée de notions modernistes venues d'Europe. Bien heureusement, certains peintres tels que Nandalal Bose ou M.F. Husain, dans leur quête d'un authentique modernisme indien, ne se laissèrent pas influencer par ces considérations et inclurent dans leur travail des représentations significatives provenant d'objets fonctionnels tels que des vêtements traditionnels, fait qu'illustrent par exemple *Natirpuja*, une fresque de Nandalal, l'oeuvre *Between the Spider and the Lamp* de Husain ou encore sa série intitulée *Mother Teresa*. Suite au rejet postmoderniste de l'idée de l'autonomie absolue et de la pureté de chaque art (en termes de méthodes et de matériaux utilisés) fut entreprise la reconnexion au monde phénoménal des objets naturels et artificiels dans les arts visuels. Ce changement d'attitude permit le retour du textile en tant que contribution à la peinture, la sculpture, la gravure, l'installation et le design. Les apports relatifs au textile dans ces arts visuels non-performatifs sont à présent multiples et plus variés que la simple représentation, comme dans d'autres médias, de draps et de costumes.

L'imagerie du vêtement dans les peintures aux allures de fresques d'Aditya Basak représente d'une certaine manière la vulnérabilité

more variegated and multifaceted than just representations, in other media, of dresses and drapes.

The apparel images of Aditya Basak's muralish paintings are, on one hand, signifiers of vulnerability of female beings who can be denuded at will in male dominated societies, and on the other, lordly doings of the tightly dressed up powerful males; they may be divinities, demi-gods or men wielding secular power. Aditya visualises the concept through pseudo narratives of disjointed episodes – referring to disrobing of women in Indian mythology. Alongside these, he constructs episodes, based on his reading of the history of India's textile trade in late medieval times, which he visualises as denudation of craftswomen by crafty European traders. The mythic and the allegoric dimensions of the visual narratives are evoked through half-revelatory twilight luminosity of Aditya's colour and the seeming semblance to the ancient mural that he gives to his character images.

Anju Dodiya's mixed-media (watercolour, acrylic and charcoal) drawings, on handmade paper pasted on out-sized cloths, although do not have much to do with textile imagery, cloths do their presence felt in her work as active support-material, unlike in conventional panel painting, where the support usually has a passive role. The active support, especially that provided by woven fabric is a legacy from the medieval Persian, Chinese and Japanese art, which the early moderns of Bengal avidly pursued. Following the historical tradition, Anju uses the woven texture of the cloth-support effectively, like a miniaturist.

Archana Hande, in her work, simulates a pictorial route-map, across ethno-territorial borders, to indicate trade-motivated movements, including migration of textile materials, techniques of making, weaves, motifs, patterns, designs etc. etc., that have been affecting life styles, albeit differentially, in the orient and the occident, through ages, fascinating how trade-and-travel affects visual culture; thanks to Archana for vivifying the knowledge.

G.R. Iranna's painterly image of the *Carpet* is an exercise in looking at a manmade object of exchange not as a commodity, but as a perceptual entity, with sensuous – both visual and tactile qualities. It is the pattern constructed by weaving that has to be looked at, it is the feel of the texture that has to experienced to value the *Carpet*. The carpet's value is not what the trade dictates; nor does its value depend on its being used as the *jainamaz* by the *namazi* to meditate upon.

For over two decades now, Jayashree Chakravarty has been establishing herself as a conceptual landscape artist, combining macro-level mapping with micro-level observational factuals. At the macro-level, she has been visually translating her

de femmes à la merci d'une société phallocrate, pouvant se voir dénudées à tout moment, et d'un autre côté l'attitude noble de mâles dominants en tenue d'apparat, qu'ils soient des divinités, des demi-dieux ou des hommes détenant un pouvoir temporel. Aditya illustre ce concept par le biais de pseudo-narrations faites d'épisodes disjoints relatifs au déshabillage de la femme dans la mythologie indienne, et réalise ainsi la métaphore des artisanes dépossédées par les commerçants européens d'artisanat, selon son interprétation personnelle de l'histoire du textile indien pendant les débuts de l'Inde moderne. La dimension mythique et allégorique de ses récits visuels est incarnée par l'apparente ressemblance des personnages d'Aditya à l'esthétique des fresques anciennes et en partie révélée par la lumière crépusculaire de sa palette.

Les œuvres d'Anju Dodiya mélangent aquarelle, fusain et peinture acrylique sur papier artisanal collé sur des tissus de grande taille. Bien qu'elle se distancie grandement de l'imagerie du textile, l'artiste réinstaure la référence à l'artisanat en question dans le support interactif de l'œuvre, s'écartant du rôle passif de simple panneau de toile de la peinture conventionnelle. Ce genre de subjectile actif, en particulier le textile tissé, est un héritage des arts médiévaux persan, chinois et japonais que les premiers artistes modernes du Bengale étudièrent avidement. Poursuivant cette tradition historique, Anju, à la manière du miniaturiste, fait un usage réussi dans ses œuvres de la texture tissée d'une surface textile.

Archana Hande dépeint dans son œuvre un itinéraire graphique dépassant les frontières ethnographiques et territoriales pour y suivre les migrations d'origine commerciale de matériaux textiles, techniques de confection, tissages, motifs, dessins, modèles et d'autres éléments encore qui eurent un impact notable sur les modes de vie, quoique de manière différente en Orient qu'en Occident au cours de l'histoire. L'artiste, que nous remercions de nous éclairer sur ce sujet, démontre ainsi la manière fascinante dont les voyages et le commerce affectent la culture visuelle.

Carpet, l'œuvre de G.R. Iranna dépeignant un tapis, est un exercice de style, dans la manière de concevoir un artefact à vocation commerciale, non comme une simple marchandise mais plutôt comme une entité sensible dotée de qualités visuelles et tactiles. Afin d'apprécier pleinement cette œuvre, il est essentiel d'observer les motifs tissés et de ressentir sa texture avec attention. La valeur d'un tapis n'est dictée ni par le profit que l'on en tire, ni par l'usage de *jainamaz* qu'en fait le *namazi* méditant dessus.

Depuis maintenant plus de vingt ans, Jayashree Chakravarty s'est imposée comme artiste conceptuelle et peintre

Kantha from Jessore, Bangladesh. Credit: Anathnath Das

comprehension of the physical geography of her residential region into configurations of visual notations. At the micro-level, she has been constructing images, if not of microbes, then of small aquatic and marshland creatures and weak flora. In a map composed of connotational image-residues of a region, she would configurate disparate images of floristic and faunistic life, threatened with extinction. This has indeed been the resultant of conceptual abstraction of her experience of her residential area, being transformed from a marshland to an urban sprawl. However, where does, textiles figure in it? One does not know, how Jayashree, like the modern pastoralist poet of Bengal Jasimuddin, found similarities between cultivated fields of alluvial planes of Bengal, saturated with water, and the surface patterns of Bengal's own *Kantha*, design-stitched multi-layered cotton quilts. But by pasting paper upon paper, often leaving air-pockets and giving coats of wax Jayashree gives to her surfaces the feel of gently undulating alluvial planes with fluvial flows; on such surfaces, the contour lines she draws to define motifs and indicate planes, strongly resemble the *kantha* stitch in look and feel. Nature meets craft in her work.

Alternating her practice between printmaker's and art historian's, Paula Sengupta turned to lace knitting with crotchet, net weaving, embroidery, patchwork stitching and wood-filigree, not just to become a complete miniature installation artist, but to create evocative simulacrums as evidences of social history of a people of a period. After being engaged in the construction of telling images, through dresses and furnishings of domesticity and typical family history that could be fitted into a larger frame of social history, Paula has turned her attention to the will to preservation of cultural identity, as a motive force of history. The indefatigable Himalayan trotter, Paula, this time has done simulacrums of the Tibetan *thanka* (tempera paintings on silk supports depicting divinities, deified *lamas*), not however for usual religio-ritualistic purpose, but to create visual signifiers for the political will of a people. Situated on a branch of the famous Silk Route, the trade in luxury silk not only caused misery to the weavers and the artisans in the past, in the present also loyalty to silken *thanka* is inviting trouble for the Tibetans under Chinese domination.

Shrabani Roy weaves, knits, stitches, sews, patchworks, with cotton, jute, silk and woolen yarns of myriad hues, often combining materials and techniques, to make objects which are not so much functional. She is a painter whose wherewithals are from the textile field. Her images are generally from domestic life, although she often creates landscape suggestivity with images of objects culled from domestic life. For this exhibition she has done images of hearths of poor rural kitchen. The hearths are emitting smoke of myriad colours, suggesting (but not depicting

paysagiste sachant allier la macro-cartographie à la micro-observation factuelle. Au niveau macroscopique, Jayashree traduit graphiquement sa compréhension de la géographie physique de sa propre région en différentes configurations de notations visuelles. Au niveau microscopique, elle construit les figures, non de microbes mais de petites créatures aquatiques ou marécageuses et d'une flore appauvrie. Au sein d'une carte composée d'images résiduelles et connotatives d'une région, elle insère la représentation disparate d'une faune et d'une flore en voie d'extinction. Tout ceci est le résultat d'une abstraction conceptuelle de l'expérience de son lieu de résidence, un marécage devenu agglomération urbaine. Mais quel est ici le rapport au textile, nous demandera-t-on. On ne sait comment Jayashree, à l'image de Jasimuddin, poète bucolique bengali, a découvert des similitudes entre les champs cultivés des plaines alluviales du Bengale où l'eau abonde, et les motifs apparents du *kantha* bengali, un piqué ou édredon de coton brodé. Pourtant, l'artiste, collant inégalement papier sur papier de manière à agrémenter le montage de trous d'air, le tout recouvert de couches de cire, donne à ses surfaces la sensible apparence des plaines alluviales ondoyant paisiblement au gré des fleuves. Les lignes qu'elle y dessine, cernant les motifs visuels et les plans du relief, ressemblent intensément aux points du *kantha* dans leur allure et leur toucher. Dans son travail se fondent ainsi la nature et l'artisanat.

Partageant son temps entre ses activités de graveuse et d'historienne de l'art, Paula Sengupta s'est également tournée vers le tricot en dentelle, le crochet, le tissage, la broderie, le patchwork et la sculpture sur bois en filigrane, non seulement dans l'objectif de s'accomplir dans l'art de l'installation miniature mais également dans le but de créer des imitations représentatives de l'histoire d'un peuple et d'une société pendant une période donnée. Après s'être investie dans la construction d'images narratives figurant vêtements et mobilier domestique traditionnels pouvant s'insérer dans le contexte élargi de l'histoire sociale, Paula a porté son attention vers la préservation de l'identité culturelle en tant que force motrice de l'histoire. Voyageuse infatigable et passionnée de l'Himalaya, Paula a réalisé pour cette exposition le simulacre d'un *thanka* tibétain, peinture à la tempera sur soie représentant des divinités ainsi que des lamas déifiés, mais ici exempt de toute connotation rituelle ou religieuse afin de symboliser la conscience politique d'un peuple. Au cours de l'histoire du pays, situé sur un embranchement de la célèbre Route de la Soie, le commerce de cette dernière causa de nombreux problèmes aux artisans tibétains, à l'instar de leur fidélité au *thanka* de soie, leur attirant aujourd'hui les foudres du gouvernement chinois.

Shrabani Roy associe la couture, le tricot, le tissage et le patchwork

Printed bed-cover from Lucknow from 18th century. Credit: Indian Museum, Kolkata

Printed saree from Bombay from 18th century. Credit: Indian Museum, Kolkata

or describing) flowers; the flower suggestion immediately start giving to the lowly mud-hearths suggestivity to vases. The smoking hearths of Bengali rural poor get generically related to *still-life-with-flower-vases* kind of painting.

Surajit Sarkar's back-illuminated box-installation can be seen- and – read as a prologue to the exhibition itself. Comprising digitised reproductions of bit of actual old stylus (*Kalam*)-drawn textiles, inter-spaced with written equivalents of the same visual narratives, the installation supplies a key to the understanding of what *Kalamkari* is all about, but not what the show as a whole is.

Sabyasachi Mukherjee is a celebrated fashion designer of India, from Bengal, and as such he is deeply involved with textiles, like all other fashion designers. But what prompted us to invite him to participate in this exposition is his enduring engagement with the history of Indian dresses, as heritage to transform. Let his artist's statement speak for him.

Pranabranjan Ray

ainsi que des fils de coton, jute, soie et laine d'une grande variété de couleurs. En combinant différents matériaux et techniques, cette artiste crée des objets dépourvus de fonctionnalité. Elle est une peintre dont les ressources proviennent du domaine du textile. Elle élabore généralement des scènes de la vie courante aussi bien que des paysages suggestifs composés d'images et d'objets du quotidien. Pour cette exposition, elle a représenté le décor de modestes cuisines rurales dont l'âtre dégage une fumée d'une myriade de couleurs, allusion florale conférant aux fours en terre cuite l'aspect de récipient. Les foyers fumants des paysans indigents du Bengale évoquent alors ici le genre de la nature morte au vase fleuri.

L'installation encadrée et rétro-éclairée de Surajit Sarkar peut être perçue comme un prologue à cette exposition. Alternant les reproductions digitales des anciens textiles peints au stylet (*kalam*) avec les versions écrites de ces mêmes récits visuels, cette installation nous donne une clé de lecture du *kalamkari* dans son ensemble, sans pour autant résumer la teneur entière de cette exposition.

Sabyasachi Mukherjee est un célèbre créateur de mode indien, originaire du Bengale. En tant que styliste, il est bien évidemment profondément associé à l'univers du textile. Mais ce qui nous a poussés à l'inviter à participer à cette exposition est son attachement de longue date à l'histoire indienne du vêtement en tant qu'héritage en évolution comme matière et source d'inspiration. Puissent ses propres mots nous éclairer sur son travail.

Pranabranjan Ray

Artist Statement
❖ ❖ ❖
Aditya Basak

In the 16th and 17th century, the south Indian *Kalamkari* designs on clothes gained popularity in Europe. The textile spelt a magnetic effect with its resplendence. The French, Dutch and English traders responded to the burgeoning demands of *Kalamkari* wall-hangings and dress-materials by customising the production to match the European taste. Thus the increased production matching the market demands led to a flooding of the European markets, consequently leading to the dearth of adequate supply to the local markets of South India. The present scenario reflects a changed reality. These enticing handicrafts now adorn various European and Indian museums.

The mythical story of a young Lord Krishna stealing garments of ladies at bath has a fantastical rendition in my work. The Indian scriptures come alive in my work. It shows as if the French have united with Krishna to steal the clothes of the ladies, called the *gopis*. Owing to the contemporary style, I have painted the *gopis* in a miniature form along with a central panel of French aristocrats.

....

Les motifs de *kalamkari* que l'on retrouvait sur les habits des XVème et XVIème siècles éveillèrent l'intérêt de nombreux commerçants européens. Les marchands français, néerlandais et anglais, anticipant l'augmentation de la demande en matière des tentures murales et d'étoffes de type *kalamkari*, développèrent la production de ces dernières, l'adaptèrent au goût occidental et en chargèrent des bateaux entiers afin d'inonder les marchés européens, ce qui provoqua à terme une crise du marché local en Inde du Sud. Ces superbes pièces artisanales ornent aujourd'hui les murs de divers musées européens et indiens. Le mythe du jeune Krishna dérobant les vêtements de femmes durant leur bain, les *gopiyan*, prend une signification particulière dans mon œuvre, comme si les Français avaient aidé Krishna à accomplir son larcin : en effet, influencé par le style contemporain, j'ai peint les *gopiyan* en miniature, encadrant les aristocrates français représentés sur le panneau central.

Myth Making 3 (Triptych)
Mixed media and tempera on canvas
2014-2015, 122 x 213 cms

Untitled (Triptych)
Mixed media and tempera on canvas
2015, 83 x 203 cms

Aditya Basak is an internationally extolled artist. Born in 1953 in Kolkata, India, Basak studied painting from Government College of Art and Crafts, Kolkata. He was also awarded a scholarship from 1973-77.

Known for creating dark and surrealist images, Basak could easily make his presence felt at the national level. He earned the National Award in the year 1986 followed by the State Awards, West Bengal, in 1987. The next year he received the Senior Fellowship from Ministry of Human Resource Development, India. In 2008 Mr. Basak was made a part of the national cultural extravaganza after being awarded the Taj Gaurav awards.

Aditya Basak has had many solo and group shows. His solo shows have been showcased both in India and abroad. Various renowned galleries hosted his solo shows. His other endeavour which has created his recognition beyond the boundaries of his home country has been his international exhibitions and group shows.

It would be wrong to restrict Mr. Basak's identity as just a painter. His video art is another display of his immense talent. His first video work *Death Foretold* was screened at the Indo British digital film festival organised by British Council in 2011.

The thematic world of Mr. Basak is a blend of both reality and imagination. Since the interaction of death and existence in aman's life, his shelter, perseverance, and his urge and eagerness to attain his mission is captured. He treats man and his world in a silent relationship. A man's awareness of loneliness and death is reflected in his paintings. His love for drawings makes his work all about less of colour and more of sketches.

....

Né en 1953 à Calcutta en Inde, Aditya Basak est un artiste de renommée internationale. Titulaire d'une bourse d'études de 1973 à 1977, Basak a étudié la peinture à l'École Publique des Arts et Métiers (Government College of Arts and Crafts) de Calcutta.

Connu pour ses créations d'images sombres et surréalistes, Basak a aisément acquis une reconnaissance tant nationale qu'internationale. Il se voit décerner le Prix National (National Award) en 1986 suivi du Prix d'État (State Award) du Bengale Occidental en 1987 et reçoit l'année d'après une allocation de recherche du Ministère indien du Développement des Ressources Humaines. En 2008 il participe au festival culturel national (National Cultural Extravaganza) après avoir reçu le prix Taj Gaurav.

Il serait injuste de réduire la personnalité artistique de M. Basak à la seule peinture: en effet, son œuvre de vidéaste dévoile une autre facette de son immense talent. Sa première œuvre vidéographique intitulée *Prédiction mortuaire* (*Death Foretold*) a été diffusée au Festival indo-anglais du film numérique (Indo-British Digital Films Festival) organisé par le British Council en 2011.

Artist Statement
✦ ✦ ✦
Anju Dodiya

These works are charcoal drawings on cotton fabric stretched on small mattresses. This pale fabric is what is used to line furniture upholstery and is always present around us, but always concealed!

The drawings mimic the style of European medieval woodcuts and that of ancient wood-block printing on fabric. The black of the charcoal and the texture of the fabric allow for a certain "faux print" quality.

The drawing on a mattress becomes an object by default. These objects function as pictograms - symbols of a private code. Each drawing is a visual poem – playful, minimal and brief. The content is an inner monologue - playing with meaning and camouflage. Ultimately, it is a game where the artist is the fuel and the fire.

....

Ces œuvres sont des dessins au fusain sur du tissu de coton étendu sur de petits panneaux matelassés. Ce tissu pâle est normalement utilisé comme toile d'ameublement, omniprésent dans notre quotidien mais toujours dissimulé ! Les dessins imitent le style des gravures sur bois européennes du Moyen-Âge ainsi que celui de l'ancienne impression sur tissu au bloc de bois. Le noir du fusain et la texture du tissu offrent un aspect « faux-fini » et le dessin sur le panneau se transforme en objet par défaut, ces objets fonctionnant alors comme des pictogrammes, les symboles d'un code secret. Chaque dessin est un poème visuel – espiègle, minimal et concis dont le contenu est un monologue intérieur camouflant sa signification. En fin de compte, il s'agit d'un jeu, dont l'artiste est à la fois l'acteur et le spectateur.

Camouflage
Watercolour and charcoal on cotton
fabric stretched on padded board
2015, 61 x 51 cms

Clouds up my sleeve
Watercolour, charcoal and acrylic on cotton
fabric stretched on padded board
2015, 61 x 51 cms

Counting Stars
Watercolour, charcoal and acrylic on cotton
fabric stretched on padded board
2015, 61 x 51 cms

Daydream
Watercolour and charcoal on cotton
fabric stretched on padded board
2015, 61 x 51 cms

Family Tree
Watercolour and charcoal on cotton
fabric stretched on padded board
2015, 61 x 51 cms

Indigo Stain for Paul and Virginie
Watercolour and charcoal on cotton
fabric stretched on padded board
2015, 61 x 51 cms

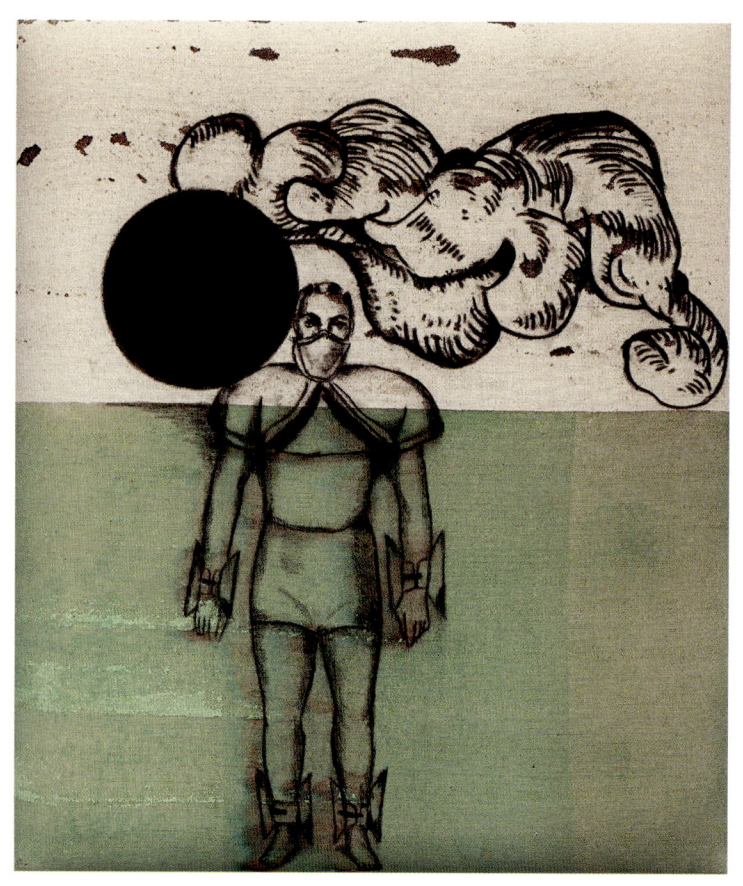

Lightness
Watercolour, charcoal and acrylic on cotton
fabric stretched on padded board
2015, 61 x 51 cms

Two Flames
Watercolour and charcoal on cotton
fabric stretched on padded board
2015, 61 x 51 cms

Giving voice to the *nayika* she introduced and imaged in her inaugural solo exhibition at Gallery Chemould in Bombay 1991, Anju Dodiya wrote, "in this other world, she suffers only an artist's insomnia." In the subsequent 15 years, Dodiya has composed visual poems tinged in shades of both night and day, effecting layered works that narrate a balanced dualism of the unconscious. Though she adapts art historical sources as varied as Japanese *ukiyo-e* prints, medieval French tapestries, and Kiki Smith's contemporary figuration, the artist's own interiority and self-reflection are the primary catalysts for her imagination.

Born in Bombay, Dodiya graduated from the JJ School of Art in 1986, refining her talent with watercolors while still a student there. Since then, Dodiya's exhibitions have unfolded a textured, thoughtful story with an intuitively feminine orientation and an elegant simplicity. After years of producing beauty with her watercolors, Dodiya tempered her work by drawing in gray for a 2001 exhibition at Chemould; she said, "I no longer wanted to make the image so precious. I fought it with charcoal."

Dodiya's 2005 exhibition *The Cloud Hunt* initiated a series painted on mattresses, reaffirming the artist's full-time preoccupations from all hours and adding a mythological element to the tensions inherent in her vision. This material base cushioned the aggression her protagonist would hope to inflict, reflective also of the inherent futility in the pursuit of hunting clouds. The artist's first, self-titled solo exhibition in New York in 2006 developed this medium further, visualizing the themes of sleep and night in some of her mattress-as-canvas works.

With both monumentality and precise attention to detail, Dodiya staged *Throne of Frost* in the darbar hall at Baroda's historic 19th century Laxmi Vilas Palace in 2007. Complementing motifs and themes already present in the architecture, Dodiya's paintings for this exhibition were set against rich, embroidered fabric and transformed into an installation - a circular, group conversation dancing around carefully lain shards of mirror.

....

Anju Dodiya est une artiste réputée, une conteuse de poèmes visuels s'exprimant au moyen de couleurs et d'esquisses.

Voyageant considérablement dès la fin de sa formation à l'École d'Art Jamshedji Jeejeebhoy (Sir JJ School of Art) de Bombay en 1986, Dodiya et ses œuvres ont envouté et dérouté les amateurs d'art du monde entier.

De la galerie Chemould de Bombay en 1991 jusqu'au Musée d'art de Guangdong en 2015, Dodiya s'est fait connaître par l'éclectisme des inspirations aiguisant son imagination, parmi lesquelles se retrouvent pêle-mêle les représentations japonaises *ukiyo-e*, les tapisseries médiévales françaises ou encore l'œuvre figurative et contemporaine de Kiki Smith, bien que l'introspection et l'intériorité restent les premières sources d'inspiration de l'artiste.

Dodiya a monté l'exposition *Throne of Frost* à Baroda en 2007 dans la cour du Laxmi Vilas Palace, palais historique datant du XIXème siècle. À cette occasion, les peintures de Dodiya, conversant avec les thèmes et motifs déjà présents dans l'architecture du site, ont été accrochées à de riches broderies, transformant le lieu en une installation circulaire, telle une danse virevoltant prudemment parmi les éclats de miroir.

Artist Statement
✦ ✦ ✦
Archana Hande

The paintings are a fine depiction of weaving of the textile - stories through the human geographical borders. It is the story of exchange and migration through trade.

With trade related exchange from the far and the Middle East of patterns and dyes, chintz found its way along the legendary Silk Route to the homes and wardrobes of the fashionable people of Europe. The Hindi word "*chint*" is used to denote cheap printed cotton textile. I am narrating a story of oral history of textile beyond the Indian geographical borders.

....

L'histoire des échanges et des migrations par le commerce, le tissage de l'histoire du textile franchissant les frontières géographiques et humaines, le commerce des étoffes et des teintures provenant du Proche, du Moyen et d'Extrême-Orient, ou encore le cheminement du chintz (ou *chhînt,* désignant en hindi un tissu en coton imprimé bas de gamme) le long de la légendaire Route de la Soie jusqu'aux foyers et garde-robes à la mode en Europe... Tout ceci m'a poussé à raconter une histoire sur la tradition orale du textile suivant les frontières de l'Inde.

Cover
The Silk Route Hedges
Lithograph and block print on Nepali paper & elephant dung fiber paper
2011, 31.8 x 25.3 cms

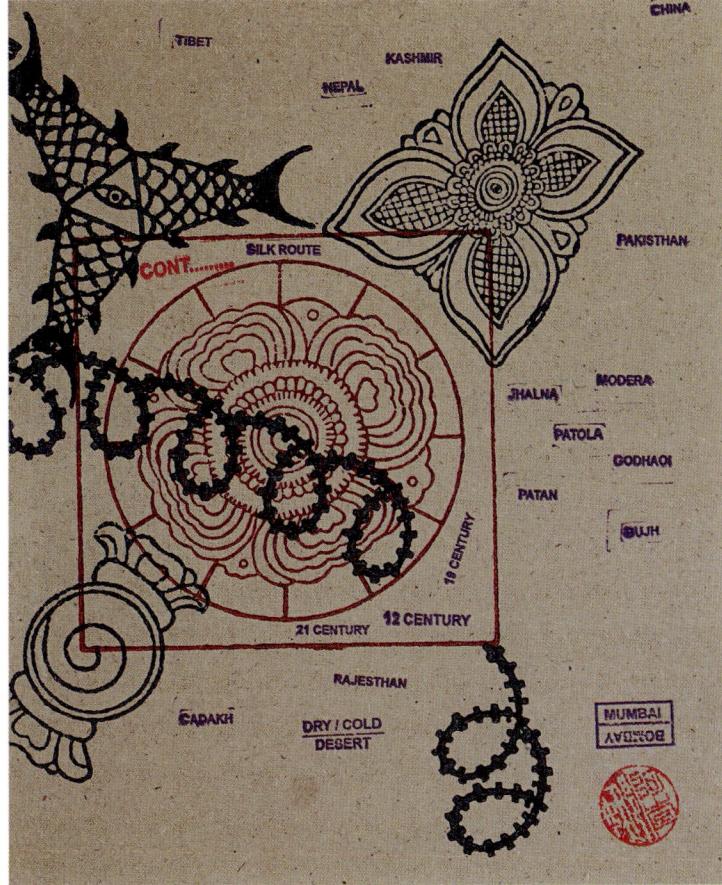

Back Cover
The Silk Route Hedges
Lithograph and block print on Nepali paper & elephant dung fiber paper
2011, 31.8 x 26 cms

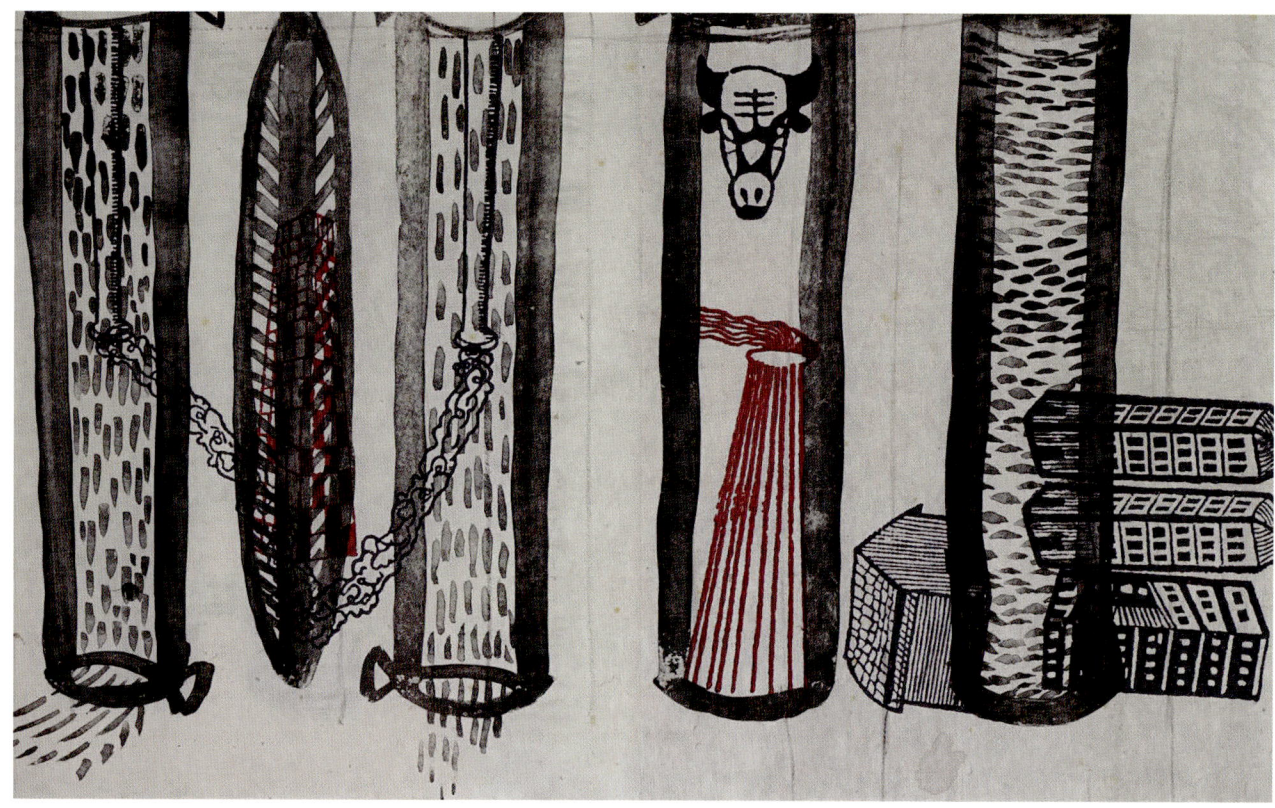

Top: Page 1, *The Silk Route Hedges*, Lithograph and block print on Nepali paper & elephant dung fiber paper, 2011, 31.8 x 25.2 cms
Bottom: Page 2, *The Silk Route Hedges*, Lithograph and block print on Nepali paper & elephant dung fiber paper, 2011, 31.8 x 25.1 cms

Top: Page 3, *The Silk Route Hedges*, Lithograph and block print on Nepali paper & elephant dung fiber paper, 2011, 31.8 x 25.1 cms
Bottom: Page 4, *The Silk Route Hedges*, Lithograph and block print on Nepali paper & elephant dung fiber paper, 2011, 31.8 x 25.3 cms

Top: Page 5, *The Silk Route Hedges*, Lithograph and block print on Nepali paper & elephant dung fiber paper, 2011, 31.8 x 25. 7 cms
Bottom: Page 6, *The Silk Route Hedges*, Lithograph and block print on Nepali paper & elephant dung fiber paper, 2011, 31.8 x 25.5 cms

Archana Hande was born in 1970 in Bangalore, India. She currently lives and works in Bombay and Bangalore. She holds a B.F.A. (Bachelor of Fine Arts degree) in Printmaking from Visva Bharati, Santiniketan, (1986-1991) and an M.F.A. (Master of Fine Arts degree) in Printmaking from M.S. University, Baroda, India (1991-1993). She has been awarded the Charles Wallace India Trust Arts Awards, Residency in Glasgow School of Arts in the year 2000, Research Residency, Pro Helvetia, Switzerland 2010.

She had many solo shows, a few major ones are *All is Fair in Magic White*, Delhi & Rome 2010, *www.arrangeurownmarriage.com*, Bombay, China, Finland, Sweden 2008-2012; *Relics of Grey*, Bombay.

She has participated in many international and national group shows, a few mentioned are: *Social Fabric*, INIVA, UK, Sweden, Germany, India, *Shadow Lines*, Biennale Jogja XI 2011, *So Close Yet So Far Away*, Incheon Women Artists' Biennale, SAMTIDIGT, (concurrent), Sweden, Finland, *Farewell to Post-Colonialism*, The 3rd Guangzhou Triennial, International Print Biennial, Bharat Bhavan, Bhopal; *Sites of Recurrence*, Boras Konstmuseum, Sweden and Dakshinachitra Madras; *The Edge of Desire*: Recent art in India, Art Gallery of Western Australia, Perth, Asia Society and Museum, New York, Tamayo Museum Mexico city, Museum of Contemporary Art (Marco), Monterrey; *Art Circus* Yokohama Triennial 2005 Japan; India Express, organised by Helsinki City Art Museum, 2006, Finland.

She participated as an artist and organiser in the World Social Forum, 2004, Bombay, & 2007 Nairobi. *A/P artist proof* curated a show for Gallery Chemould, Bombay.

Her last project was co-curating *Project Cinema City*. Presently working on a year long project - *Spaced 2: Future Recall With Spaced* (Perth) and *Asialink* (Melbourne), a reciprocal exchange program, Western Australia - Residency in Two parts, which will conclude in a group exhibition at the Western Australian Museum (WAM), Perth in early 2015.

....

Archana Hande est née en 1970 à Bangalore en Inde. Elle vit et travaille aujourd'hui entre Bombay et Bangalore. Elle est titulaire d'une licence d'art spécialité gravure (Bachelor of Fine Arts in printmaking) de l'université Visva Bharati de Santiniketan (1986-1991) ainsi que d'un master d'art spécialité gravure également (Master of Fine Arts in printmaking) de l'université Maharaja Sayajirao de Baroda en Inde (1991-1993). Elle a reçu le prix Charles Wallace India Trust Arts Awards et ainsi obtenu une résidence à l'École des Arts de Glasgow (Glasgow School of Arts) en 2000. Pro Helvetia lui offrit également une résidence en Suisse en 2010.

Archana Hande a exposé de nombreuses fois en solo. Quelques-unes de ses principales expositions furent *All is Fair in Magic White*, présentée à Delhi et Rome en 2010, *www.arrangeurownmarriage.com*, présentée à Bombay, en Chine, en Finlande et en Suède entre 2008 et 2012 ou encore *Relics of Grey*, présentée à Bombay en 2007. Elle a participé au Forum Social Mondial à Bombay (2004) et Nairobi (2007) en tant qu'artiste et organisatrice. Elle a organisé l'exposition *A/P artist proof* (« E.A. épreuve d'artiste ») pour la galerie Chemould à Bombay. Son dernier projet en date est *Project Cinema City* auquel elle a contribué en tant que co-commissaire d'exposition. Elle a également participé à de nombreuses expositions internationales de groupe lors desquelles ont été remarqués son style et son travail exceptionnels.

Artist Statement
❖ ❖ ❖
G.R. Iranna

My paintings, *Rubber Tree* and *Carpet*, both recent and elaborate, are a critique of our popular conception of growth and development of nature, industry, and human thought, which is punctuated by mindless conformity. They simultaneously refer to either lost or soon-to-be-extinct traditions.

They engender, in terms of technique, the meditative-ness inherent in any ritualistic or craft-based practice that is a reflection of the deep-rooted sense of cultural diversity within the tradition of Indian textiles and systems of knowledge, whose existence is in some way jeopardized by the continual onslaught of unchecked modernity and capitalism. Both works indicate ruptures; *Rubber Tree* through the deliberate white splotches suggesting erasure or superimposition, and *Carpet*, through its recreation of the pattern and texture of fabric, with the canvas serving as the only element of textile, and the predominant theatricality of black and white and the subsequent bleaching out of any other colour, signifying what might be forever lost to us if we continue the growing trend of unethical consumption.

....

Mes peintures *Rubber Tree* et *Carpet*, toutes deux récentes et élaborées, constituent une critique de notre conception populaire, d'une accablante conformité, de la croissance et du développement de la nature, de l'industrie ainsi que de la pensée humaine. Ces œuvres se réfèrent à des traditions perdues ou en voie d'extinction et engendrent, en termes de technique, le caractère méditatif inhérent à toute pratique rituelle ou artisanale. Elles sont le reflet d'un sens de la diversité culturelle profondément ancré dans la tradition des textiles et des systèmes de connaissance indiens, dont l'existence est compromise, en quelque sorte, par les assauts continus d'une modernité et d'un capitalisme débridés. Toutes deux expriment une rupture : *Rubber Tree*, de par les blanches éclaboussures délibérées suggérant un effacement ou une superposition et *Carpet*, de par sa recréation du motif et de la texture du tissu (le support de toile étant le seul élément textile de l'œuvre), la théâtralité prédominante du noir et blanc et l'atténuation résultante de toute autre couleur, illustrant ce que l'on pourrait perdre à jamais si l'on ne met pas fin à cet envahissant mode de consommation dépourvu de toute éthique.

Witnessed Carpet
Mixed media on paper
2015, 106.5 x 150 cms

Rubbed Tree
Mixed media on paper
2014, 106.5 x 150 cms

G.R. Iranna is an award-winning artist and sculptor. Born in 1970 in Karnataka, Iranna completed his B.F.A. in '92 from the College of Visual Arts, Gulbarga, and earned his M.F.A. degree from Delhi College of Art in 1994.

At the very outset, Iranna's career as a painter has been speckled with achievements. In '93 he was chosen by M.F. Husain and Ram Kumar as the winner of the "In Search of Talent" award at Vadehra Gallery, New Delhi. In '97 he received the 40th National Academy Award from Lalit Kala Akademi, New Delhi, as well as the All India Fine Arts and Crafts (AIFACS) Award. In '99 he was the recipient of the Charles Wallace Scholarship that allowed him to spend a year at a residency at the prestigious Wimbledon School of Art in London.

Iranna has had several solo exhibitions. *Tempered Branches* was Iranna's most recent solo show held this year at AICON Gallery, New York. Three other more recent landmark solos for him were *Limning Heterotopias* at Gallery Espace in 2012 and *Ribbed Routes* at The Guild Art Gallery in Mumbai. Both shows introduced Iranna's reinterpretation of the symbolic figure of the monk and served as treatises on mortality and spirituality, while his 2008 solo at The Stainless Gallery, New Delhi and AICON Gallery, London and New York, titled *Birth of Blindness*, proposed an alternative reading of the ongoing crisis of mindless conformity.

The work continues to build upon Iranna's career, spanning investigations into how social frameworks and religious dogmas, traditionally viewed as net-cultural positives, either directly or indirectly serve to suppress free thought and organic growth, often with complex and disastrous consequences.

....

Né en 1970 au Karnataka, G.R. Iranna, artiste encensé et sculpteur primé, a passé sa licence d'art (Bachelor of Fine Arts) en 1992 à l'École des Arts Visuels (College of Visual Arts) de Gulbarga et obtenu son master d'art de l'École d'Art (College of Art) de Delhi en 1994.

De multiples récompenses ont accompagné la carrière d'Iranna dès son commencement : en 1993 il reçoit de M.F. Husain et Ram Kumar le prix In Search of Talent à la galerie Vadehra de New Delhi. En 1997, il est lauréat du 40ème National Academy Award décerné par Lalit Kala Akademi à New Delhi ainsi que du prix All India Fine Arts and Crafts (AIFACS). En 1999, titulaire de la bourse Charles Wallace, il bénéficie d'une année complète de résidence à Londres au sein de la prestigieuse École d'Art de Wimbledon (Wimbledon School of Art).

Iranna poursuit son chemin jalonné de nombreuses œuvres remarquables, se concentrant sur les dogmes religieux et les contextes sociaux bannissant la pensée humaine.

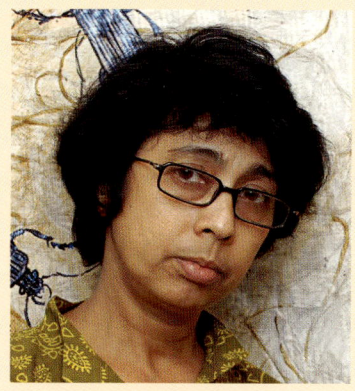

Artist Statement
✦ ✦ ✦

Jayashree Chakravarty

Nature is the focus of my practice, but it has always been conceived through an urban sensibility. Thus, simultaneously an urban and a natural space constitute my visual register. The urban remains camouflaged in the natural. An attempt at sophistication of motifs like plants, branches, twigs, creepers and marks on earth weave a refinement of design that indicates the metropolis and yet negates it with well settled layers of ideas like topography, geology etc. Through multiple layers of pigments and thin papers, marks and lines, I try to express my experiences of spatial ruptures and the constant changes the land goes through.

A direct reflection of this idea runs through my projects dealing with the suburban growth in the north-eastern part of Kolkata. The extension of the city here still recalls the memory of the once existing marshland. Interweaving the past with the present, I focus on an interplay of motifs that are real and mystical at the same time. The apparently chaotic design on the surface tends to establish a textural calm by interacting with the grounds beneath. The metaphoric warp and the weft of motifs are indicative of textile not only in terms of meaning, but also in terms of the feel.

....

La nature est l'objet de mon travail, que j'ai toujours perçu avec une sensibilité urbaine. Ainsi mon langage visuel est défini par la coexistence d'un espace urbain et d'un autre, naturel, le premier se fondant dans le second. Le travail de sophistication de motifs simples – tels que les végétaux, les branches, les brindilles, les plantes grimpantes ou les empreintes dans la terre – forme un tissage de figures élaborées qui dépeignent une métropole et sa négation même à travers la disposition en niveaux successifs d'éléments topologiques ou encore géologiques. Au moyen de lignes, de marques, de multiples couches de pigments et papiers fins, je tente d'exprimer mon expérience des ruptures spatiales et des changements constants du terrain.

On retrouve alors le reflet immédiat de ces idées dans mes projets traitant du développement des banlieues au nord-est de Calcutta, une extension de la ville encore imprégnée de son passé marécageux. Liant le passé au présent, je me concentre sur le dialogue entre des motifs à la fois mystiques et pragmatiques. La surface chaotique en apparence se prête à l'établissement d'une paisible texture de par son interaction avec les couches sous-jacentes. La déformation métaphorique ainsi que la trame des motifs évoquent l'idée du textile en terme de signification comme de ressenti.

Script in Nature
Fabric, Nepali paper, synthetic glue, tea stains, acrylic paint, jute fibre, beeswax
2015, (Scroll 1 - 429 x 130)(Scroll 2 - 367 x 110) cms

Script in Nature
Fabric, Nepali paper, synthetic glue, tea stains, acrylic paint, jute fibre, beeswax
2015, (Scroll 1 - 429 X 130)(Scroll 2 - 367 x 110) cms

Script in Nature
Fabric, Nepali paper, synthetic glue, tea stains, acrylic paint, jute fibre, beeswax
2015, (Scroll 1 - 429 X 130)(Scroll 2 - 367 x 110) cms

Script in Nature
Fabric, Nepali paper, synthetic glue, tea stains, acrylic paint, jute fibre, beeswax
2015, (Scroll 1 - 429 X 130)(Scroll 2 - 367 x 110) cms

✦ ✦ ✦

Jayashree Chakravarty is a well-acclaimed painter based in Kolkata, India. She finished her B.F.A. from Kala Bhavana, Visva Bharati University, Santiniketan and her Post-Diploma from the Faculty of Fine Arts of M.S University, Baroda. She was also an artist in residence at Aix en Provence between 1994 and 1995.

Her most recent works include her participation in *Safarnama* (*Journeys through Kalamkari hanging*) at Indian Museum in association with Ambedkar University, Craft Council, West Bengal, Alliance Francaise du Bengale and Akar Prakar in 2014, and Indian Art-Fair, 2015. Chakravarty has shown at various exhibitions in India and abroad including Aicon Gallery (London), Singapore Art Museum (Singapore), Gallery Chemould (Mumbai), Vadehra Art Gallery (Delhi), Jehangir Art Gallery (Mumbai), CIMA (Kolkata), NGMA (Mumbai), The Art Centre (Chicago), Akar Prakar (Kolkata) and Religare Art (Delhi) among others. In 2011, her work was exhibited in the group show *Enduring Legacy*, by Akar Prakar, Galerie Neumeister Munchen, the Indian Embassy, and Berlin along with ICCR & Indien Institut. This year her solo show was held at the Vadehra Art Gallery, New Delhi.

Jayashree's works essentially concern ecology and environment. The engaging weaving of colours brings in the fragile relationship between nature and mankind; between emotional, intellectual and conceptual, time and timelessness. Jayashree's aesthetic taste has been exceptional in terms of creating her niche in the world of colours and art.

Jayashree Chakravarty, artiste renommée, réside à Calcutta en Inde. Elle est titulaire d'une licence d'art de l'université Visva Bharati de Santiniketan et d'un diplôme supérieur de la Faculté des Beaux-Arts de l'université Maharaja Sayajirao de Baroda. Elle a passé une année en résidence d'artiste à Aix-en-Provence entre 1994 et 1995.

Le travail de Jayashree, se concentrant sur l'écologie et l'environnement est l'objet d'éloges unanimes et sans frontières. Son tissage original de couleurs évoque la relation fragile entre la nature et l'homme, jouant avec les concepts, les émotions et l'intellect, exprimant à la fois le temps et son absence. Grâce à son sens esthétique exceptionnel, Jayashree s'est aujourd'hui fait une place notable dans le monde de l'art et des couleurs.

Artist Statement
✦ ✦ ✦
Paula Sengupta

The Monkey & the Dog is reconstructed from a story narrated by two Tibetan women in exile in India. The story that throws light upon the Sinicization of Tibet, goes as follows:

"Embedded deep in the highest Himalayas lay the village of Toe Yancho Tanga. In summer, as the snow melted, nomads came across the high passes bearing yak-loads of salt and grain. For two weeks, the village of Toe Yancho Tanga became a lively marketplace. The villagers traded garments and carpets for the salt and grain the nomads brought. And thus it was year in and year out, until one day, two soldiers in blue suits arrived in the village. They brought with them a monkey and a dog in cages."

Soon, they began to gather the villagers together and present shows. They would let the monkey and the dog out of their cages and speak to them in gibberish. Then the monkey would hold a plough and make the dog plough the field.

At first, the villagers gathered in large numbers and thought "They will now play the show to entertain us." But soon, they became suspicious and thought "Now they will cause us misery. Who has heard of a monkey and a dog ploughing?"

Making a dog plough is a bad omen. Soon the blue soldiers came in hordes and Toe Yancho Tanga was never the same again."

Using the mediums of etching and serigraphy, the scroll derives from the traditional *thangkas* of Tibet, some of which are linear paintings in gold on black backgrounds.

The Monkey and the Dog est l'illustration d'une histoire qui m'a été contée par deux femmes tibétaines en exil en Inde. Cette histoire mettant en lumière la sinisation du Tibet est la suivante.

« Perdu au sommet de l'Himalaya se trouvait le village de Toe Yancho Tanga. Durant l'été, pendant la fonte des neiges, les nomades traversaient les cols charriant à dos de yak des chargements de sel et de grain. Deux semaines durant, le village de Toe Yancho Tanga devenait un marché animé. Les villageois échangeaient des étoffes et des tapis contre le sel et le grain des nomades. Ainsi en allait-il chaque année jusqu'au jour où deux soldats, tout de bleu vêtus, s'installèrent au village. Ayant apporté avec eux un chien et un singe en cage, ils réunissaient les villageois et leur présentaient leurs animaux savants, conversant avec ces derniers en un charabia inintelligible. Les animaux étaient libérés, le singe maniant alors une charrue tirée par le chien. Au début, les villageois venaient en nombre assister à ce qu'ils espéraient être un divertissement distrayant mais devinrent vite méfiants vis-à-vis de ce spectacle douteux : « qui a déjà vu un chien et un singe labourer la terre ? Tout ceci est de bien mauvais augure, ils vont nous porter malheur ! » En effet, peu de temps après, les soldats bleus arrivèrent par milliers, et Toe Yancho Tanga ne fut plus jamais le même village. »

Usant de la technique de la gravure et de la sérigraphie, le livre-accordéon que je présente s'inspire des *thangka* traditionnels, un type de peinture sur soie rituelle typique du bouddhisme tibétain. Le plateau du Tibet occupait une position stratégique sur la Route de la Soie et les *thangka* tibétains embellis de brocards chinois représentaient alors de précieuses marchandises tout au long de cette route commerciale. Leurs motifs, qui eurent une influence notable sur les textiles d'Asie du Sud et du Sud-Est, ont été repris pendant des siècles dans la fabrication du chintz colonial. Certains *thangka* sont des peintures à la perspective linéaire, usant de lignes dorées sur un fond noir uniforme.

Page 1 & 2
The Monkey & the Dog (scroll of 10 leaves)
Etching, chine colle & serigraphy on handmade paper
2013, 31.75 x 574 cms

Page 3 & 4
The Monkey & the Dog (scroll of 10 leaves)
Etching, chine colle & serigraphy on handmade paper
2013, 31.75 x 574 cms

Page 5 & 6
The Monkey & the Dog (scroll of 10 leaves)
Etching, chine colle & serigraphy on handmade paper
2013, 31.75 x 574 cms

✦ ✦ ✦

Dr. Paula Sengupta is an artist, academic, art writer and curator, resident in Kolkata. She graduated in Painting from the College of Art, New Delhi, followed by an M.F.A. and PhD in Printmaking from Kala Bhavan, Santiniketan. She is currently Assistant Professor in Printmaking at Rabindra Bharati University, Kolkata and taught as Guest Faculty at the National Institute of Fashion Technology, Kolkata from 1999-2003. She is Secretary of the artists' initiative, Khoj Kolkata.

Paula has been the recipient of the UGC Research Fellowship for doctoral studies (1993-98), the Artist-In-Residence Fellowship at Kala Art Institute, Berkeley, California (1997-98), Guest Artist at the Staatliche Akademie der Bildenden Kunste, Stuttgart under the INDART Artist Exchange Programme (2000), CWIT Research Grant & British Council, Kolkata Grant for independent research in the UK (2007), and Artist-in-Residence at the Britto Arts Trust, Dhaka (2008).

Trained as a traditional printmaker, Paula's repertoire as an artist includes broadsheets, artist's books, objects, installation-performance work, and community art projects. She works across mediums that include printmaking, textiles and embroidery, papermaking, and much else. Her recent projects focus on enforced migration and resultant physical and psychological displacement in the subcontinent and its immediate environs.

Paula Sengupta is author of *The Printed Picture: Four Centuries of Indian Printmaking* published by DAG, New Delhi and *Foreign & Indigenous Influences in Indian Printmaking* with LAP Lambert Academic Publishing, Saarbrucken, Germany.

Her curatorial projects include the landmark exhibition *Trajectories: 19th-21st Century Printmaking from India and Pakistan* for the Sharjah Art Museum, Sharjah, UAE in 2014 along with Akar Prakar and Art Chowk and *The Printed Picture: Four Centuries of Indian Printmaking* for the Delhi Art Gallery, New Delhi in 2012.

....

Paula Sengupta est à la fois artiste, universitaire, écrivain d'art et commissaire d'exposition habitant à Calcutta.

Elle a fait suivre sa formation de peinture à l'École d'Art (College of Art) de New Delhi d'un master d'art puis d'un doctorat sur la gravure au Département des Beaux-Arts (Kala Bhavan) de l'université Visva Bharati de Santiniketan. Après avoir enseigné de 1999 à 2003 à l'Institut National des Techniques de la Mode (National Institute of Fashion Technology) de Calcutta, elle est à présent maître de conférences à l'université Rabindra Bharati de Calcutta où elle enseigne la gravure. Elle est également secrétaire du collectif d'artistes « Khoj Kolkata ».

Parmi ses contributions importantes, on notera ses deux ouvrages *The Printed Picture: Four Centuries of Indian Printmaking* et *Foreign & Indigenous Influences in Indian Printmaking* ainsi que « Trajectoires : la gravure du XIXème au XXIème siècle de l'Inde au Pakistan » (Sharjah Art Museum : *Trajectories: 19th-21st Century Printmaking from India and Pakistan*) et « L'image imprimée : quatre siècles de gravure indienne » (Delhi Art Gallery : *The Printed Picture: Four Centuries of Indian Printmaking*), deux expositions phares dont elle fut la commissaire.

Influencée par la gravure traditionnelle, l'œuvre artistique de Paula inclut les journaux, les ouvrages d'artistes, les objets, les installations, les performances et les projets artistiques de groupe. Elle travaille avec différents matériaux et techniques tels que la gravure, le textile, la broderie, la papeterie et plus encore. Ses projets récents se concentrent sur les migrations forcées et les déplacements physiques et psychologiques en résultant dans le sous-continent et ses environs immédiats.

Artist Statement
✦ ✦ ✦
Shrabani Roy

I am a textile technologist who practices painting. I am neither interested in making wearables, nor in fabricating decorative or functional fabrics. In my work I combine yarns of a variety of materials, dyed in myriad colours and use different processes of weaving, knitting, embroidery, and stitching, depending on the kind of meaning, both referential and evocative, I want to generate and feelings I'd like to stimulate. In my first work, a triptych, which I have titled *Lostscape*, I have given the three framed surfaces the physicality of painting. The images are indicators of mud-made traditional kitchen stove of Bengal, emitting smoke. Like, the smoke, the ovens are getting lost with the advancement of cooking technology. Or are these smoking out? My second exhibit is titled A Journey from *Chintz to Tattoo Parlour*, is an attempt at visualizing an artist's desire to see continuity within changes in art/craft practice : from painted textile to painting on acrylic sheet, from *godna* drawings on female bodies , to modern tattoo parlour work, for both sexes.

....

Je suis une spécialiste des technologies du textile qui pratique la peinture. Je ne m'intéresse ni à la fabrication de prêt-à-porter ni à la conception de tissus décoratifs ou fonctionnels. J'associe dans mon travail des fils d'une grande variété de matériaux et de couleurs ainsi que différents procédés de tissage, de tricot, de broderie et de couture selon le type de message – référentiel comme évocateur – et de sentiment que je souhaite exprimer ou faire ressentir. Dans ma première œuvre, un triptyque que j'ai baptisé *Lostscape*, tel un paysage perdu, j'ai donné aux trois différents cadres l'apparence de la peinture, dont les images évoquent les fours traditionnels du Bengale en terre cuite. À l'instar de la fumée se dégageant des fours, ceux-ci se perdent dans l'horizon du progrès culinaire et du développement technologique de ses outils. Ma seconde œuvre, intitulée *A Journey from Chintz to Tattoo Parlour,* tente d'exprimer la volonté d'un artiste de percevoir la continuité existante au sein de pratiques artistiques et artisanales changeantes : des textiles peints à la peinture sur panneau acrylique, des dessins *godna* sur corps de femmes aux réalisations unisexes des salons de tatouage moderne.

A Journey from Chintz to tattoo parlor
Weaving of woolen yarn & reverse acrylic paint
2014, 136 x 90 cms

Lostscape (Triptych)
Weaving of woolen yarn & reverse acrylic paint
2015, 110.5 x 197 cms

Born in the year 1979, Sharbani completed her Bachelor of Fine Arts from Kala Bhavana, Santiniketan in the year 2001. Further in 2003 she was awarded with the Post Graduate Degree in Fine Arts from Kala Bhavana, Santiniketan. Sharbani's achievements as an artist to showcase the tapestry and textile design in India as well as abroad is to be accredited.

To her credit, she has been bestowed with a number of awards and fellowship. Shrabani was awarded the Lalit Kala Academy Prize in an All India Exhibition from West Bengal State Academy, Kolkata in the year 2002. In the year 2004 she received the 46th National Academy Award from Lalit Kala Academy, New Delhi.

Shrabani's *Alternative* (2008) and *Land of Dream* (2006) were two important solo exhibitions showcased at Kolkata and Vadodara. Her art work has been exhibited in a number of Indian as well as worldwide shows. Most remarkable is the *Safarnama & Continuing Traditions* (2014): a show of contemporary artists, *The Art of Santiniketan: Masters and Emerging Artist* (2008) showcased at Royal College of Art, London. In the year 2011, *Enduring Legacy*, a show of contemporary artists of Bengal was exhibited at Berlin, where her work was displayed as well.

Two documentary films presented her art works to the viewers worldwide; amongst which was the *Art Scene of Kolkata and the Whole of India*, sponsored by Swiss National Television 2014. A documentary by Akar Prakar Art Gallery titled *Shrabani's Alternative* (2008) documents the artist's works.

Shrabani Roy has been successful in demonstrating the attitude of the art of tapestry and is thriving to make the viewer understand that it can be looked at as a piece of visual art and not only as craft work.

Née en 1979, elle obtient sa licence (2001) puis son master au Département des Beaux-Arts (Kala Bhavan) de l'université de Santiniketan (2003). Shrabani a été lauréate de différents prix et bourses tels que le prix Lalit Kala Akademi décerné par l'Académie d'État du Bengale Occidental (West Bengal State Academy) à l'occasion de l'All India Exhibition à Calcutta en 2002 ainsi que le 46ème National Academy Award décerné par Lalit Kala Akademi à New Delhi.

Elle a fait ses preuves lors de nombreuses expositions à Berlin, Londres, Calcutta ou encore Vadodara, faisant voyager ses œuvres aux quatre coins du globe. Son art a été révélé aux téléspectateurs du monde entier grâce à deux films documentaires produits par la télévision nationale suisse en 2014, notamment *Art Scene of Kolkata and The Whole of India*. Shrabani illustre la spécificité artistique de la tapisserie, que le spectateur redécouvre à travers son travail comme un art en soi et non comme simple artisanat.

Artist Statement
✦ ✦ ✦

Surajit Sarkar

As an academic ethnographer and observer of community, cultural knowledge, and traditions, the piece here titled *Painted Weaves* is an interactive storytelling by a traditional textile fabric. Using micro-electronics, lighting and text to display the *kalamkari* weaving and printing tradition, the artwork describes ways in which Indian textile traditions straddle the world of cultural techniques and remembered cultural narratives.

....

L'œuvre présentée ici, intitulée *Painted Weaves*, présente sur un tissu traditionnel une narration interactive inspirée de mon expérience d'ethnographe, d'universitaire et d'observateur des savoirs et traditions culturelles communautaires. Usant de la micro-électronique, du rétro-éclairage et du texte afin d'exprimer la tradition du tissage du *kalamkari* imprimé, l'œuvre dépeint les différentes façons dont les traditions textiles indiennes associent la variété culturelle des techniques artistiques aux récits traditionnels.

Painted Weaves
Kalamkari, vegetable dye with LED display
91.5 x 152 cms (With Frame - Horizontal)

Continuing Traditions • 73

Using a pen of burnt tamarind twig, Dasaradha Chari led a group of Kalamkari painters, men and women, to paint the Ramayana. A narrative so well known that it does not matter that the illustrations are few. Here Surphanaka, asks her brother, demon king Ravana, to avenge her wounds.

Dyeing cloth using vegetable colours in South Asia is a four thousand year tradition. Textile artists from Srikalahasti in Andhra Pradesh, South India, have painted in this particular way for the last four centuries. Their story telling skills are seen in incidents from the epic, when a shape changing demon Marich, becomes a golden deer.

Ochre is a colour cotton takes on easily. For other colours the fabric is treated with mordant, to make the cotton fibres absorb colour. Using the pen to paint the fabric in Kalamkari, made it a common trade term in the sixteenth century. Another textile dyeing tradition from west India used wooden blocks instead.

Five hundred years ago, a piece like this could be transfer printed from paper. Today this process is merely a memory while the distinction between dyeing with the pen or the block has become blurred. Both use traditional motifs and narratives from myth and favour vegetable colours, modern inventions and chemicals are not ignored.

The term Kalamkari refers to a technique rather than to any pattern. The technique we see here flowered in the 14th century, with craft-persons developing two distinctive styles. One, using flowers, plants and animals catered to Islamic aesthetics, while those under neighbouring Hindu patronage, drew inspiration from Hindu mythological figures.

When Indian cottons patterned by the pen were the rage in western Europe from the seventeenth century, some realised that it would be more economical to develop the craft in Europe. Meticulous inquiries about the details of the dyeing process followed, and led to European manufactures, a well-known make being the Toile de Jouy.

'Kalahasti is Kalamkari and Kalamkari is Kalahasti,' veteran craftsman Puroshottam intones in the manner of a political campaigner. The painted scenes from mythological texts continue to be used as backdrop for deities in the temples and to narrate stories. Here Hanuman, the warrior monkey, flies over the seven moats and seven walls of stone and metal that protected Lanka.

Kalamkari painting requires treatment before and after the painting is done on the fabric, and so is time consuming process. Tools used in the craft are burnt tamarind twigs, pointed and round-tipped bamboo sticks and charcoal pencils. Among the other materials are unbleached cloth, rusted iron, alum, cow's milk, and dung, indigo, pomegranate, Alizarin and Myrobalan.

The climactic battle of the Ramayana is between good and evil, Like all epics. The struggle for survival of Kalamkari began with the introduction of machine-printed textiles. Today, a small number of artisans practice the distinct penmanship of Kalamkari textile painting in the south Indian states of Andhra Pradesh and Tamil Nadu.

Painted Weaves
Kalamkari, vegetable dye with LED display
91.5 x 152 cms (with frame - horizontal)

✦ ✦ ✦

Surajit Sarkar was at one time a photocopier, salesman, a bank officer, a primary school teacher and a developer of curriculum for primary schools. He has created weekly television programmes as well as documentary and educational films. Since 2001 he has worked as a video artist for theatre and dance productions, and as a multimedia installation artist.

He is currently Associate Professor and Coordinator of the Centre for Community Knowledge at Ambedkar University, Delhi. He has been a Fellow at the Institute of Advanced Study, University of Durham (UK), and is on the Public Advisory Board of the Society for Cultural Anthropology (USA), and an Executive Member of the International Association of Agricultural Museums (AIMA) and Joint Secretary, Oral History Association of India (OHAI).

Surajit Sarkar a été tour à tour représentant de commerce pour photocopieurs, employé de banque ou encore instituteur. Il a de plus établi des programmes d'études pour l'école primaire, créé des programmes de télévision hebdomadaires, réalisé des documentaires et des films pédagogiques. Depuis 2001, il travaille comme vidéaste pour des spectacles de danse ou pour le théâtre et exprime son art à travers ses installations multimédia.

Il est à présent maître de conférences et responsable du Centre for Community Knowledge à l'université Ambedkar de Delhi. Un temps membre de l'Institut d'Études Supérieures (Institute of Advanced Study) de l'université de Durham au Royaume-Uni, il est aujourd'hui membre du conseil scientifique de la Société d'Anthropologie Culturelle (Society of Cultural Anthropology) aux États-Unis, membre de la direction de l'Association Internationale des Musées Agricoles (International Association of Agricultural Museums – AIMA) ainsi que co-secrétaire de l'Association Indienne des Traditions Orales (Oral History Association of India – OHAI).

Artist Statement
✦ ✦ ✦

Sabyasachi Mukherjee

I have always been inspired by the Mughal Zenana but what fascinates me more than the clothes of queens and royalty is how the servants and domestic help used to dress, the incredible combination of humble fabrics and layering.

It is from a romanticized version of this notion that the fictitious *Chand Bibi* was born. A *kaniz*, a lonely spinster who swept the palace gardens. Taking cues from Dickens's Miss Havesham and merging it with the obsessiveness of *Choti Bahu* from Bimal Mitra's *Shaheb Bibi Golam*, a poignant picture was created. By juxtaposing hand block printed and painted mundane fabrics with extremely opulent bejewelled *Zardozi* separates, an almost discreet fable comes to life out of commoners' clothing and Royal hand me downs.

These ensembles are lovingly created completely by hand, using hand woven and hand printed organic fabrics, nearly obsolete techniques of Indian embroidery and dip dyeing. The techniques used are *Dabu* from *Bagru*, Rajasthan, *Kalamkari* which is hand painted pen and ink fabric, traditionally dipped in buffalo milk as part of the dyeing process, *Zardozi* from Bengal and Agra, *Shisha* embroidery from Kutch and *Gota* embroidery from Rajasthan. Individual pieces have been layered and tea stained to give a very vintage, almost surreal feeling of waning Royalty.

Ensemble one consists of a *Ghagru*- an abbreviated *Ghagra*, with a long train made out of *Kalamkari* fabrics from Dastkar, Andhra Pradesh with *Bagru* print and Benares borders made out of Khadi.

The *Choli* has been made with hand stitched and distress dyed silk and cotton brocade.

The *Churidar* is a patchwork of hand block prints and cotton brocades from Benares and has been dip dyed.

The *Poshak* has been made completely out of tulle using *Tilla* work and *Marodi* embroidery.

The Dupatta is a patchwork of *Kalamkari* and *Bagru* work with *Gota* and *Shisha* borders from Rajasthan and Kutch respectively.

Ensemble Two also consists of a *Ghagru*, with a long train made out of *Kalamkari* fabrics from *Dastkar*, Andhra Pradesh with *Bagru* print and Benares borders made out of Khadi.

The *Choli* has been made out of handloom silk Baikal fabric from the Berozgar Mahila Samiti in Bhagalpur, Bihar. Resist dyed, hand blocked printed textiles from *Bagru* have also been used, while the sleeves are hand blocked printed Khadi from *Bagru*.

The *Churidar* is a patchwork of hand block prints and cotton brocades from Benares and has been dip dyed.

The very opulent *Poshak* has been made with very obsolete *Zardozi* embroidery techniques using velvet and gilt work, distress dyed with a hand block printed velvet back.

Both pieces have been accessorised with handmade *Topees* and *Jootis*.

....

Bien qu'ayant toujours été inspiré par le *zenana* (harem) moghol, ce qui me fascine plus encore que les robes de reines et les atours de la royauté, c'est l'incroyable combinaison de tissus modestes et d'humbles vêtements dont s'habillaient les servants et les domestiques. C'est d'une version romancée de cette notion qu'est né le personnage fictif de *Chand Bibi,* une *kaniz*, vieille fille solitaire qui balayait les jardins du palais. La fusion de répliques de *Miss Havesham* de Dickens avec le personnage obsessif de *Choti Bahu* du roman *Shaheb Bibi Golam* de Bimal Mitra, a permis de créer une image poignante. La juxtaposition de vêtements banals peints et imprimés au bois avec d'opulents *zardozi* ornés de joyaux donne naissance à une fable presque discrète, faite de vêtements communs et d'habits royaux désuets.

Ces ensembles ont été entièrement et soigneusement réalisés à la main, en utilisant des matériaux issus de l'agriculture biologique, tissés et imprimés manuellement de manière traditionnelle, pratiques aujourd'hui pratiquement disparues de la broderie et la teinture indiennes. Les techniques utilisées sont celles du *dabu* de Bagru au Rajasthan, du *zardozi* du Bengale et d'Agar, des broderies *shisha* de Ketch et *gota* du Rajasthan et enfin du *kalamkari* qui est un tissu peint à l'encre et à la main, et dont le processus de teinture lui vaut traditionnellement d'être plongé dans le lait de bufflonne. Les différentes pièces de l'œuvre ont été disposées en plusieurs couches et tachée de thé afin de rendre l'aspect ancien et presque surréaliste d'une royauté déclinante.

Chand Bibi
Textile
2011, Ghagru 124.5 length, poshak 66, choli: bust 79/81, underbust 66/71 (cms)

Chand Bibi
Textile
2011, Ghagru 124.5 length, poshak 66, choli: bust 79/81, underbust 66/71 (cms)

Continuing Traditions • 81

Chand Bibi - 2 Mannequins
Textile
2011, Ghagru 124.5 length, poshak 66, choli: bust 79/81, underbust 66/71 (cms)

Sabyasachi Mukherjee graduated from the National Institute of Fashion Technology, and four months later started his eponymous label.

His design philosophy is simple – "Personalized imperfection of the human hand". He believes that clothes should be an extension of one's intellect and describes his own collections as 'International styling with an Indian soul'.

Sabyasachi's career path has seen him traverse from his native Kolkata, across the fashion circles of Milan, Japan, Tokyo and New York, to name a few.

The label sells out of six flagship stores and various multi designer stores in India. The man aspires towards developing a 'people tree' enterprise that encompasses Indian tradition, culture, and history, converting it into an intellectually and aesthetically inspirational brand.

....

Sabyasachi Mukherjee a créé son propre label éponyme quatre mois seulement après avoir achevé ses études à l'Institut National des Techniques de la Mode (National Institute of Fashion Technology).

L'artiste définit le stylisme comme une « simple imperfection manuelle sur mesure ». Il considère le vêtement comme une extension de l'intellect et ses propres collections comme caractéristiques d'un « stylisme international à l'âme indienne ».

La carrière de Sabyasachi a propulsé l'artiste du Calcutta de ses débuts jusqu'aux milieux de la mode internationale de Milan, Tokyo, New York, etc.

Son travail se retrouve dans divers boutiques de créateurs à travers l'Inde en plus des six enseignes que le label possède. Sabyasachi s'inspire de la culture, de l'histoire et des traditions indiennes pour développer une entreprise à visage humain et une marque aux attraits autant esthétiques qu'intellectuels.

Credits & Acknowledgements

It gives us great pleasure to present the exhibition *Continuing Traditions* at the Musée de la Toile de Jouy. This exhibition has materialized because of the trust and confidence that our collaborators, Indian Embassy in France, Ministry of Textile, Government of India and the Musée de la Toile de Jouy, have shown over the past two years that we have worked on this exhibition. This show would not have been possible without their encouragement and continuous support.

A personal note of appreciation to respected Minister of State (independent charge) for Ministry of Textiles, Shri Santosh Gangwar for the support of the Ministry of Textiles, who has stood by our belief to showcase and propagate the message of textiles through the medium of art and design. His support has been paramount in putting this exhibition together.

We are grateful to the Ambassador of India in France for believing and sharing the vision to propagate Indian art at international museums in France. A special thanks to Ms Apoorva Srivastava, the cultural counselor at the Indian Embassy in France, without whose support this project would have been impossible.

We would like to thank the Mayor of Jouy en Josas, Mr Jacques Bellier and the Director and Curator of the Musée de la Toile de Jouy, Ms. Esclarmonde Monteil for agreeing to host our show and also for her contribution and support towards the completion of this project.

It has been a wonderful experience to put the show together along with our advisor, Pranabranjan Ray, who worked hard to put together the vision of the show of Continuing Traditions.

We would also take this opportunity to extend our gratitude towards Dr. Venu Vasudevan, Director National Museum, Delhi, Dr. B Venugopal, Director,Indian Museum, Kolkata and Dr. Lotika Varadarajan, a celebrated ethno-historian, Ruby Palchoudhuri, Honorary General Secretary from Crafts Council, West Bengal, and Ambedkar University for giving us the permission to use the article by Surajit Sarkar, which he delivered at the seminar held in collaboration with Indian Museum, Kolkata, Crafts Council, West Bengal and AUD along with Continuing Traditions. We would also like to thank Dr. Nita Sengupta, keeper at the Indian Museum for the images of textiles from the Indian Museum.

I take this opportunity to thank the artists, Aditya Basak, Anju Dodiya, Archana Hande, Paula Sengupta, Jayashree Chakravarty, G.R Iranna, Shrabani Roy, Surajit Sarkar, and Sabyasachi Mukherjee for their meaningful contribution for the show.

We would like to thank Saumik Chakraborty and Piyali Sadhukhan for their assistance. We are grateful to Soumik Nandy Majumdar for his participation in the seminar. We thank Mapin Publishing for willingly coming forward as our publisher. Last but not the least a big thanks to our team at Akar Prakar, Anindita, Sharmistha, Pramita, Swati, Sayantani, Shrutakirti and Vinod who have worked tirelessly to execute this project. We hope that this publication will be useful for our readers who wish to learn more about the traditions of textile.

Reena & **Abhijit Lath**
Akar Prakar

Remerciements

◆ ◆ ◆

Nous avons l'immense plaisir de présenter l'exposition intitulée « les Traditions Perpétuelles » au Musée de la Toile de Jouy. Cette exposition n'aurait pas vu le jour sans la confiance continue, les encouragements renouvelés et le soutien sans faille que nos collaborateurs, l'Ambassade de l'Inde en France, le Ministère indien du Textile et le Musée de la Toile de Jouy ont manifestés à notre égard durant les deux années qui furent nécessaires à monter cette exposition.

Nous adressons avant tout nos plus vifs remerciements à M. Santosh Gangwar, Ministre d'État pour le Textile, pour nous avoir accordé le soutien du Ministère ainsi que pour avoir appuyé notre souhait de présenter et promouvoir le message des textiles à travers l'art, le design et le stylisme. Son soutien fut d'une importance primordiale à la réalisation de cette exposition.

Nos chaleureux remerciements vont à l'Ambassadeur de l'Inde en France pour avoir eu foi en notre vision et partagé notre volonté de diffuser l'art indien en France au sein de musées de prestige. Nous remercions tout particulièrement Mme Apoorva Srivastava, Conseillère de Coopération et d'Action Culturelle pour l'Ambassade de l'Inde en France, dont le soutien fut essentiel à la réalisation de ce projet.

Nous assurons de toute notre gratitude M. Jacques Bellier, Maire de Jouy-en-Josas et Mme Esclarmonde Monteil, Directrice et Conservatrice du Musée de la Toile de Jouy, pour avoir accepté d'accueillir notre exposition ainsi que pour sa contribution et son soutien à l'accomplissement de ce projet.

Ce fut un plaisir de monter cette exposition aux côtés de notre conseiller M. Pranabranjan Ray, dont le travail ardu a permis d'exprimer au mieux notre vision commune de l'exposition et de ses traditions perpétuelles.

Nous souhaitons témoigner notre sincère reconnaissance à l'égard du Dr. Venu Vasuvedan, Directeur du National Museum de Delhi, du Dr. B. Venugopal, Directeur de l'Indian Museum de Calcutta, du Dr. Lotika Varadarajan, ethno-historienne de renom, et de Mme Ruby Palchoudhuri, Secrétaire général honoraire du Crafts Council of West Bengal. Nous remercions cordialement le Dr. Nita Sengupta, Conservatrice des images et textiles de l'Indian Museum de Calcutta ainsi que l'université Ambedkar pour avoir autorisé la reproduction de l'article de Surajit Sarkar, que l'auteur présenta à l'occasion d'un séminaire organisé en collaboration avec l'Indian Museum de Calcutta, le Crafts Council of West Bengal et l'université Ambedkar de New Delhi lors de la première édition des « Traditions Perpétuelles » en Inde.

Nous profitons de cette opportunité pour remercier les artistes, Aditya Basak, Anju Dodiya, Archana Hande, Paula Sengupta, Jayashree Chakravarty, G.R Iranna, Shrabani Roy, Surajit Sarkar, Sabyasachi Mukherjee de leur contribution capitale à l'exposition.

Nous sommes reconnaissants envers Saumik Chakraborty et Piyali Sadhukhan pour leur aide ainsi qu'envers Soumik Nandy Majumdar pour sa participation à notre séminaire. Nous remercions vivement Mapin Publishing pour la publication de cet ouvrage. Enfin, nous remercions toute l'équipe d'Akar Prakar (Anindita, Sharmistha, Pramita, Swati, Sayantani, Vinod) qui a travaillé inlassablement à l'accomplissement de ce projet. Nous espérons que cette publication constituera une ressource précieuse pour les lecteurs soucieux d'en savoir plus quant aux traditions du textile.

Reena et **Abhijit Lath**
Akar Prakar

Musée de la Toile de Jouy

The Musée de la Toile de Jouy was founded in 1977 at the initiative of Mayor Jacques Toutain. It was intended to commemorate the famous Manufacture des Toiles de Jouy (Jouy Printed Fabric Factory), founded in 1760 by entrepreneur and printer Christophe-Philippe Oberkampf. The museum, then called the "Oberkampf Museum", was first established at the Château de Montebello, under the direction of Josette Bredif, the first curator and pre-eminent historian of Jouy fabrics. It initially housed an old collection that had been kept in the town hall – archives, sample books and toiles bequeathed by the descendant(s) of Christophe-Philippe Oberkampf in the 19th century. It was soon enriched by the generosity of Oberkampf's descendants, especially Baron Jean-Pierre Mallet.

A policy of active acquisition, especially through purchases at auctions and regular donations also helped to increase the collection, which now numbers close to 10,000 pieces:

- The technical equipment required for textile printing: engraving tools, carved wood blocks, and engraved copper plates and rollers.
- Many of the designs from the Jouy factory - costumes, samples, engravings, drawings, preliminary prints (tests on paper prior to printing), curtains, bed coverings.
- The museum also includes printed fabrics from other manufacturers within its scope of interests (such as those from India which inspired Toiles de Jouy and all of the European production, or those from the major French manufacturers of Nantes, Normandy, and Alsace who maintained close relationships, even if only through the circulation of motifs from one to another).
- Representations and memorabilia of the factory (drawings and engravings by Huet, scenes of the factory by Julie Feray), and the evocation of Oberkampf and his family: costumes of the eighteenth century and paintings by Boilly, Baron Gérard, and Vernet.

The collections are very fragile as most consist of printed cottons, and so are presented in rotation. Those in reserve constitute an important resource which is accessible for researchers and producers of contemporary textiles, on request.

The museum moved to the Château de l'Églantine in 1991. Prior to that, the site belonged to Marshal François Canrobert. General and aide-de-camp of Louis Napoléon Bonaparte, he was in possession of the Château de l'Églantine (Sweetbriar castle) from 1882 to 1890. Following the death of his young wife, born Flora MacDonald on August 6, 1889, the Marshal sold the house and left Jouy-en-Josas. The property was then bought by Émile Francq, a bourgeois Parisian who had owned "The Cauldrons", an old farmhouse located on the hillside on the other side of the Bièvreriver. He then had the Château de l'Églantine rebuilt in 1891-1892 by Alfred Vaudoyer, as marked on a plaque affixed to the building.

The garden adjoining the building was restored in 2009 and opened for museum visitors. A contemporary extension by the architects Cuno Brullmann and Arno Fougerasse-Lavergno, called the Orangery, has been added to the historic building to expand the space devoted to the museum and houses the museum's temporary exhibitions hall.

Our present premises are very close to the former Manufacture, which was a working factory from 1760 to 1843, and occupied much of the present-day town centre. A link between the fabric factory and the Château has been created in the form of a flower bed in horizontal bands, the work of artist Jean-Max Albert. This evocation of fabric spread across the fields, bleaching in the sun, also gives an idea of the profusion of colours that would then have covered the village.

Musée de la Toile de Jouy

❖ ❖ ❖

Le Musée de la Toile de Jouy fut fondé en 1977 à l'initiative du maire de Jouy-en-Josas M. Jacques Toutain, dans l'intention de commémorer la célèbre Manufacture des Toiles de Jouy, fondée en 1760 par l'entrepreneur et imprimeur Christophe-Philippe Oberkampf. Le musée, intitulé à l'origine « Musée Oberkampf », fut installé en premier lieu dans le Château de Montebello et confié à la responsabilité de Josette Bredif, première conservatrice du musée, historienne et spécialiste des toiles de Jouy. Le musée abritait à ses débuts une ancienne collection conservée précédemment à l'hôtel de ville de Jouy-en-Josas, constituée de toiles et d'albums d'échantillons légués à la ville au XIXème siècle par les descendants de Christophe-Philippe Oberkampf. Ceux-ci, et en particulier le Baron Jean-Pierre Mallet, enrichirent peu après la collection du musée de leur générosité.

Une politique active d'acquisition, reposant essentiellement sur les ventes aux enchères et les donations régulières, a également permis d'accroître la collection du musée qui avoisine aujourd'hui les 10000 pièces comprenant :

- l'équipement technique requis pour l'impression textile: outils de gravure, bloc de bois sculptés, rouleaux et plaques de cuivre gravés
- de nombreuses réalisations de la manufacture de Jouy : costumes, échantillons, gravures, dessins, essais préliminaires (réalisés sur papier avant impression sur toile), rideaux et parures de lit
- des toiles imprimées ayant un rapport avec la collection du musée, provenant d'Inde (qui inspirèrent les toiles de Jouy et toute la production européenne) ou des grandes manufactures françaises de Nantes, de Normandie et d'Alsace qui entretenaient à l'époque des rapports étroits, ne serait-ce que par la circulation des motifs de l'une à l'autre
- des représentations et des souvenirs de la manufacture – des dessins et gravures de Huet, des vues de la manufacture par Julie Feray, etc. – ainsi que d'autres pièces telles que des costumes du XVIIIème siècle et des tableaux de Boilly, du Baron Gérard ou de Vernet, rappelant à notre bon souvenir Oberkampf et sa famille.

Les collections, puisque constituées de cotons imprimés, sont très fragiles pour la plupart et donc exposées par roulement. Les réserves du musée constituent un fonds important et consultable sur demande par les chercheurs et les créateurs de textiles contemporains.

Le musée s'installa en 1991 dans le Château de l'Églantine, ayant précédemment appartenu au Maréchal François Canrobert, général et aide de camp de Louis Napoléon Bonaparte. Suite à la mort de sa jeune épouse, née Flora MacDonald, le 6 août 1889, le Maréchal vendit la demeure et quitta Jouy-en-Josas. La propriété fut alors rachetée par Émile Francq, bourgeois parisien et ex-propriétaire de « la Chaudronnerie », un ancien corps de ferme situé à flanc de coteau sur l'autre rive de la Bièvre. Celui-ci fit rénover le Château de l'Églantine en 1891-1892 par Alfred Vaudoyer, ainsi qu'en témoigne une plaque commémorative scellée au bâtiment. Les jardins attenants à la propriété furent restaurés en 2009 et ouverts aux visiteurs du musée. Enfin, une extension contemporaine baptisée « l'Orangerie », œuvre des architectes Cuno Brullmann et Arno Fougerasse-Lavergno, fut ajoutée au bâtiment historique afin d'accroître l'espace dévolu aux collections et accueille aujourd'hui les expositions temporaires du musée.

Les locaux actuels du musée sont très proches de l'ancienne manufacture, qui fut opérationnelle de 1760 à 1843 et occupait alors la grande partie du centre-ville tel que nous le connaissons aujourd'hui. Un parterre de fleurs réparties en lignes horizontales, réalisation de l'artiste Jean-Max Albert, constitue un lien entre le musée et la manufacture : son œuvre évoque le foisonnement de couleurs submergeant le village au temps des toiles séchant au soleil, étendues à travers champs.

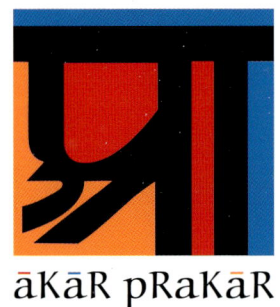

ākāR pRakāR

✦ ✦ ✦

Established in 2004 by Reena and Abhijit Lath, Akar Prakar (Sanskrit for 'form in all its variations') is one of the leading galleries and promoters of Indian art today. Selected by Blouin Artinfo as amongst the top 500 galleries in the world, Akar Prakar has a national presence with an international footprint. Akar Prakar works with various Government agencies such as the NGMA, Ministry of Culture, Lalit Kala Akademi, ICCR, Indian and international museums in promoting Indian modern and contemporary art. The most recent show was at the Sharjah museum where we showcased printmaking from the mid 19th century to the mid 20th century between India and Pakistan. We have also produced books and publications on some of the major Indian artists and publish ArtVarta, a bi-annual magazine.

Fondée en 2004 par Reena et Abhijit Lath, Akar Prakar (signifiant en sanskrit une « forme dans toutes ses variations ») est aujourd'hui l'une des principales galeries et l'un des principaux promoteurs de l'art indien. Figurant selon Blouin Artinfo parmi les cinq cents plus importantes galeries dans le monde, Akar Prakar possède un rayonnement national ainsi qu'une présence internationale. Akar Prakar collabore avec plusieurs organismes publics indiens comme le Ministère de la Culture, NGMA, Lalit Kala Akademi, ICCR ainsi qu'avec différents musées en Inde comme à l'étranger afin de promouvoir l'art indien moderne et contemporain. Sa dernière exposition en date eut lieu au Sharjah Museum, exposition durant laquelle furent présentées des gravures indiennes et pakistanaises datant du milieu du XIXème siècle jusqu'au milieu du XXème siècle. Art Varta, magazine bi-annuel réputé et publié par Akar Prakar, a aujourd'hui trouvé sa place dans le monde de la littérature et de l'art. Akar Prakar a également publié des ouvrages sur plusieurs artistes importants.